ELEMENTOS DE DIREITO INTERNACIONAL PRIVADO

CARLOS ROBERTO HUSEK

ELEMENTOS DE DIREITO INTERNACIONAL PRIVADO

LTr®

LTr Editora Ltda.

Rua Jaguaribe, 571
CEP 01224-003
São Paulo, SP — Brasil
Fone (11) 2167-1101
www.ltr.com.br
Janeiro, 2023

Produção Gráfica e Editoração Eletrônica: PIETRA DIAGRAMAÇÃO
Projeto de capa: DANILO REBELLO
Impressão: META BRASIL

Versão impressa — LTr 6389.6 — ISBN 978-65-5883-188-4
Versão digital — LTr 9869.7 — ISBN 978-65-5883-189-1

Dados Internacionais de Catalogação na Publicação (CIP)
(Câmara Brasileira do Livro, SP, Brasil)

Husek, Carlos Roberto

Elementos do direito internacional privado/Carlos Roberto Husek. – São Paulo: LTr, 2022.

Bibliografia.

ISBN 978-65-5883-188-4

1. Direito internacional privado I. Título.

22-133617 CDU-341.5

Índice para catálogo sistemático:
1. Direito internacional privado 341.5
Cibele Maria Dias – Bibliotecária – CRB-8/9427

SUMÁRIO

Apresentação

Nossa vocação primeira sempre foi e sempre será didática. Há muito que escrevemos sobre Direito Internacional, Público e Privado, e desenvolvemos aulas na Faculdade de Direito da Pontifícia Universidade Católica de São Paulo em ambas as matérias e fora dessa instituição, já proferimos cursos e palestras regulares de Direito Internacional do Trabalho.

O resultado, como não poderia deixar de ser, para todos que têm vivência similar e são muitos – foi o de escrever. Com a escrita completam-se as funções básicas de todo estudioso: ler, analisar, pesquisar, transmitir, (sempre com abertura para o diálogo) e escrever. Impossível, não registrar no papel, as consequências naturais dessa via, mesmo porque abre-se para todos, e, principalmente, para o autor, a possibilidade criadora da crítica, que será sempre bem acolhida. Por tais motivos, já publicamos um Curso de Direito Internacional Público (já para a 17ª. edição), o Curso de Direito Internacional Público e Privado do Trabalho (já para 6ª edição) e artigos em diversas revistas e obras coletivas.

Tal atividade docente na área do Direito, já dura 35 anos, embora outras matérias tenham sido objeto da nossa experiência como professor de História, Geografia, Português e Literatura, em cursos específicos, a maioria anteriores, e alguns concomitantes ao bacharelado na Faculdade de Direito, da própria Universidade Católica.

Portanto, apenas para informação dos leitores, além da preocupação pedagógica, fruto de uma vida inteira dedicada ao ensino – seguramente, desde os anos 60, quando me formei no antigo Curso Normal – temos um aprendizado imbuído do pensamento acadêmico dessa Universidade, que teve, sem sombra de dúvida, grandes mestres.

As palavras acima são apenas para esclarecer e justificar os presentes "Elementos", cujo nome traduz o escopo de oferecer aos iniciados no Direito Internacional Privado alguns institutos, alguns tópicos, mais importantes para uma visão simples e geral dessa nobre área.

Por outro lado, ainda que para o futuro venha a se tornar um Curso, o que é plenamente possível, e o mesmo aconteceu com o meu livro de Direito Internacional Público, a verdade é que o mundo do ensino progride mais pela transmissão objetiva e clara das conquistas intelectuais, teorias e raciocínios, do que as obras portentosas e de fundo, estas necessárias para dar os passos gigantescos que vislumbram os horizontes do progresso, mas sem a mastigação educativa, pedagógica, a digestão da cultura não se faz. Por isso, apreciamos a luz das grandes obras, mas temos uma tendência no cozimento diuturno daquilo que já foi descoberto. Os estudiosos precisam disto, precisam dos primeiros passos. Afinal, não se andam quilômetros, se alguém não indicar a estrada e ensinar a devida abertura entre uma passada e outra, os centímetros do caminhar, que podem revelar a futura grande marcha. Temos a intenção de contribuir para isso, na medida da nossa régua e compasso.

Dentro do amplo campo do DIPr, os capítulos e subtítulos foram objeto de escolha, tendo em vista a amplitude da matéria. Alguns necessários – toda obra, por mais simples que se apresente, deve ter pontos básicos que evidenciam o objeto de estudo, e outros que revelam a preocupação do autor, principalmente no Direito Internacional, que está sempre em construção, e no mundo moderno, se apresenta flexível na abrangência de áreas, que nem sempre foram objeto de sua preocupação, porquanto, podem ser aplicadas as regras e princípios o DIPr em áreas diversas, como o Direito Civil, o Direito do Trabalho, o Direito Processual, o Direito Penal, o Direito Comercial, Direito Tributário, e outras, porque diante da globalização da sociedade, as relações humanas tendem a ultrapassar as fronteiras do Estado, ensejando alguma dúvida sobre a legislação a ser aplicada em um caso concreto, ou pela existência de efetivo conflito – tradicionalmente se conceitua o DIPr, como o que regula o conflito de leis no espaço – ou por escolha do Estado, qual a legislação que se insere em determinadas situações, sem que se verifique o conflito, ou, ainda pela aplicação correta de uma lei uniformizadora, advinda de um tratado internacional.

Aqui cabe uma explicação, que depois, em algumas linhas desenvolvemos, o DIPr, é, na verdade, matéria *sui generis*, porquanto lida com o sistema jurídico interno, em necessária comunicação com outros sistemas jurídicos, dos diversos países, levando em conta, o que determina, em princípio, a nossa *Lex fori*. A pessoa do Direito, diante de um caso em que há um elemento de estraneidade, deve fazer um raciocínio complexo: reconhecer o elemento estranho, verificar a norma de conexão e só após, determinar a aplicação da regra substancial apontada.

Como se verifica, o DIPr. é de riqueza ímpar, e é impossível abranger nos "Elementos", ou mesmo em um Curso regular – que nele também estamos trabalhando – todo vasto universo que ele contempla, mas os "Elementos" têm uma vantagem, a de sinalizar senão todos, quase todos os caminhos desse estudo.

Este livro contém os fundamentos históricos e básicos do DIPr, suas fontes, os elementos de conexão, a aplicação do Direito estrangeiro, o Direito Processual internacional, o Direito Comercial nesta área e outras incursões no Direito territorial e extranacional que buscam dar subsídios a estudantes, advogados e pesquisadores.

Desejamos uma boa e produtiva leitura e uma boa exploração temática.

Capítulo I

Introdução

Não temos dúvida de que o Direito Internacional Privado deve seu estudo e desenvolvimento à globalização do mundo moderno. A rica interação entre os países, a facilidade dos deslocamentos humanos, além fronteiras, a relativa fluidez destas, o crescimento populacional, o arrefecimento dos nacionalismos, a ideia de que o ser humano é um cidadão do mundo, as convenções internacionais, que protegem o ser humano e lhe concedem direitos, e mesmo, deveres internacionais; o fato, por tudo isso, de que o Direito Internacional preocupa-se em grande parte mais com as relações humanas do que com as relações entre Estados e o reconhecimento fundamental de que o Direito vem do ser humano e volta-se para o ser humano, apesar da intermediação das organizações, instituições e empresas, por ele criadas, que não teriam razão de ser se não voltassem para o próprio ser humano, tudo leva a uma valorização do estudo dessa área do Direito.

A partir daí considera-se o novel espaço conquistado pelo Direito Internacional Privado, que trafega entre o Direito Interno e o Direito Internacional, à medida que faz aplicar algumas regras objetivas dos tratados internacionais, a maioria, buscando a adaptação e adequação ao direito interno dos países, e outras, poucas, impondo alguma uniformidade de normas nos diversos Estados.

Na verdade, em princípio, a par de diversas discussões que ensejam a matéria, entendemos que o Direito Internacional Privado pertence ao Direito Interno do Estado, isto é, um de seus ramos, como é o Direito Civil, o Direito do Trabalho, o Direito Penal e outros. Todavia, de qualquer modo, ao contrário do passado, tido como eminentemente técnico, em nossos dias, há uma dimensão maior para essa área do Direito, que não pode fugir às premissas dos direitos humanos e fundamentais dos indivíduos.

É bem verdade, que, basicamente, o Direito Internacional Privado, que costumamos designar com a sigla DIPr, tem o seu corpo de normas essencialmente concentrado na Lei de Introdução às Normas do Direito Brasileiro (Decreto--Lei n. 4.657 de 4.9.1942), que mudou sua denominação, de Lei de Introdução ao Código Civil – LICC, para Lei de Introdução às Normas do Direito Brasileiro - LINDB, pela Lei n. 12.376 de 30.12.2010, antes com 18 artigos básicos, e ora com 30 artigos e mais o Decreto n. 9.830 de junho de 2019 que acrescentou 25 artigos.

Apesar da necessidade de estudo aprimorado de cada um desses artigos, para bem manejar a técnica, insistimos que a base interpretativa fundamental tem os princípios do Direito moderno em todas as suas vertentes, voltado para o ser humano, para a noção de ordem pública, interna e internacional, para a já consagrada noção de relatividade da soberania do Estado – embora a soberania seja sempre tida como absoluta – que não é mais o Estado-nação, e sim, um dos membros da comunidade internacional.

Este é um manual introdutório, se é que esta denominação pode ter razão de ser? Entretanto, é assim que o propomos, o que, por óbvio, não dispensa as grandes obras e estudos. Serve para o aluno que deve tomar um contato inicial com a matéria, e depois, se a ela afeiçoar-se, poderá aprofundar o seu estudo nos grandes mestres.

Embora, a modesta vocação desse escrito, ela não dispensa um certo caminho didático, com algum rigor técnico de divisão da matéria, a saber: conceito e abrangência; objeto (conflito de leis no espaço), fontes, pessoas (natural e jurídica), condição jurídica do estrangeiro, regras de conexão, aplicação e prova do direito estrangeiro, princípios do Direito Internacional Privado, reenvio, fraude à lei, conflito de jurisdições e processos, o Direito empresarial e seus contratos (noções básicas) e arbitragem (também noções preliminares).

Stranger já destacava o caráter cosmopolita do homem.[(1)], observando a universalidade dos problemas humanos, a convivência como imperativo da natureza humana, as divergências que ocorrem nos relacionamentos entre pessoas, que vivem em territórios diferentes, sob ordens jurídicas diversas.

A diversidade legislativa, portanto, cria a necessidade da matéria, uma vez que cada país, com seu sistema jurídico peculiar, determina os direitos e deveres das pessoas que nele vivem e a situação jurídica dos bens, o que faz a pluralidade de sistemas jurídicos, e a situação de que tais sistemas são aplicáveis também a fatos e atos que ocorrem da interação com os estrangeiros, dentro e fora do país. Por outro lado, é natural que cada povo tenha um modo próprio de ver a vida e a partir daí construa seu próprio corpo de normas, pelas condições de tempo e de lugar em que vivem.

A uniformidade de legislação – sonho – pode em parte ser alcançada pelos eventuais tratados assinados entre países, principalmente quando fazem parte de um mesmo bloco regional, ou organização, mas tal aspiração – de muitos idealistas – dificilmente é de ser alcançada no contexto

---

(1) STRANGER, Irineu. *Direito internacional privado*. Parte geral. 5. ed. São Paulo: LTr, 2005. p. 25.

global, muito embora nos seja cara a ideia de que no planeta Terra, abriga o ser humano, e tudo que nele fazemos, independentemente de nossa história e cultura particulares, atinge a todos, nesse mundo globalizado, quer seja na saúde, na economia, no meio ambiente, nas ações criminosas, nas relações empresariais.

Com tudo isso, não se olvide, como já mencionamos, que existem uma série de princípios que asseguram os direitos do ser humano, e que toda organização jurídica, por mais particular que seja, deve zelar pelos direitos básicos de qualquer pessoa, independentemente, de sua nacionalidade, contemporizando os direitos e garantias previstos em um Estado, com os direitos e garantias postos em outro. O Direito é natural ao homem. Esta ideia vai ao encontro de uma concepção filosófica mais profunda, não aceita pelos positivistas radicais, nos valendo de Hervada: "*todo fato cultural baseia-se sempre e necessariamente em um dado natural. c) Após o que foi dito, vamos passar à realidade jurídica. Se no homem ocorre o fenômeno jurídico – normas, relações, direitos -, isso é possível somente porque na própria estrutura da pessoa humana há uma juricidade radical e básica, ou, o que dá na mesma, um núcleo radical de juridicidade natural; isto é, porque a pessoa humana está constituída entitativamente como ser jurídico, que é o que atua como capacidade ou potência do jurídico cultural.*

Se a realidade jurídica existe, é necessário que a pessoa humana esteja naturalmente constituída de tal modo que seja um ente que, por própria constituição ontológica, se organize para ser regulado por normas, se relacione juridicamente e seja capaz de direitos e obrigações. É impossível que o homem seja naturalmente um ser ajurídico, e que, por consequência, o fenômeno jurídico seja inteira e radicalmente apenas um fenômeno cultural; tratar-se-ia de uma criação do nada, coisa impossível para o homem. Sem esse núcleo ou dado – o dado – natural, não seria possível o fato cultural do fenômeno jurídico." (2)

É nessa concepção que acreditamos: o Direito é um fenômeno natural e o Direito positivado em cada país recebe, de algum modo, esta seiva fundante, que faz parte do próprio ser humano, ainda que os diversos sistemas jurídicos, revelem-se, num primeiro olhar, muito diferentes entre si.

I.1. Fatos anormais ou de estraneidade

Para nós, fatos anormais ou de estraneidade, são aqueles cujos elementos, na sua totalidade, não se encontram totalmente no território de um só Estado, como, por exemplo, alguém que nasce no Brasil, casa-se, tem um filho brasileiro, vai para a Itália, casa-se com outra pessoa, após o divórcio no Brasil, tem um filho italiano, trabalha em uma empresa espanhola, compra imóveis nos países em que viveu, domicilia-se em definitivamente em Portugal, onde vem a falecer. Há diversas ordens jurídicas que incidem na história dessa pessoa: a brasileira, a italiana, a espanhola e a portuguesa, em determinados momentos de sua vida e para determinados efeitos; ou um brasileiro sócio de uma empresa holandesa, que falece e deixa bens, incluindo direitos dessa sociedade, a um filho brasileiro; ou contratos comerciais entre brasileiros e estrangeiros; ou, ainda, acidentes que podem ocorrer na viagem de um brasileiro em outro país, que foi passear, envolvendo aluguel de carros, ou mesmo com o evento morte de um nacional daquele país, e mais a repercussão de um contrato de seguro pessoal ou do veículo. Todos esses fatos, têm elementos anormais, estranhos ao Brasil, considerando nossa perspectiva territorial,

---

(2) HERVADA, Javier. *Lições propedêuticas de filosofia do direito*. São Paulo: Martins Fontes, 2008. p. 327.

como estranho a cada um dos países exemplificados. Por isso, é possível dizer que cada Estado do mundo tem, em tese, o seu próprio Direito Internacional Privado, isto é, seu próprio corpo de leis que se aplicam a tais situações, determinando a aplicação do seu próprio Direito, ou do Direito de outro país, ou, se for o caso, de uma lei uniforme às nacionalidades envolvidas. Caso assim não seja, teríamos uma lacuna para resolver tais questões, o que é possível ocorrer, mas aí aplicação das normas do próprio país em que ocorreram os fatos será o parâmetro (*Lex fori*).

Contudo, o raciocínio não é tão simples, porque a causa dos acontecimentos pode estar em um território e os efeitos em outro, e há sempre a proteção maior do ser humano.

Como se vê, trata-se de um campo complexo, em que o aplicador da norma deve estar preparado, porque não se trata de aplicar a norma internacional a fatos internacionais, como seria de se esperar, no Direito Internacional Público, nem de aplicar a norma interna (Civil, Trabalhista, Comercial, Penal) a fatos nacionais, mas de aplicar uma outra norma que leve em conta que de algum modo, as fronteiras do país foram ultrapassadas, e o reconhecimento, *a priori*, da coexistência das ordens jurídicas e a natural cooperação entre elas, e/ou uma natural técnica de interpretação, que leve em conta esse iter do mundo globalizado, que é a pedra de toque do Direito Internacional Privado.

I.2. Fundamentos do DIPr

Deixamos para a pesquisa dos interessados, uma vez que a doutrina é farta, as teorias históricas, que fundamentam esse ramo do Direito, desde, Roma (*ius gentium; ius fetiale*), os estatutários (escolas, francesa, holandesa, alemã), os pós-glosadores e a fase das codificações. Deste mundo, vamos apenas a algumas teorias:

I.2.1. Escolas estatutárias

Os estatutos eram regras legais ou costumeiras de cada cidade, lá pelo século XI, e tais Escolas contrariavam a unidade de aplicação das regras a todos postos pelo Império (e pelo Papado), com a aplicação do Código Justiniano, que visava o fortalecimento do poder imperial e expansão das fronteiras, o que incentivou uma celeuma sobre os limites de cada direito local, o que provocou os pós-glosadores (Comentadores). Bártolo de Sassaferrato (1314/1537) buscou a codificação romana associada aos estatutos das cidades.

I.2.1.1. Escola Italiana

Bártolo de Sassaferrato e Baldo: distinção entre os estatutos que regem bens (territoriais), dos que regem a conduta das pessoas (extraterritoriais). Escolha de normas para reger fatos transfronteiriços (uma das primeiras manifestações de normas da natureza do DIPr). No que tange a aplicação de normas extraterritoriais (estatutos do local da pessoa que devem ser aplicados), Bártolo entendeu a existência de estatutos odiosos, que não seriam aplicáveis, o que se tem como embrião da cláusula de ordem pública. O caso famoso é o dos bens de sucessão de um inglês, bens que se situavam na Inglaterra e na Itália. Para a Inglaterra a herança era toda do primogênito; para a Itália, havia regra de partilha entre filhos – estatuto pessoal e estatuto real -. Desconsiderou-se a unidade da sucessão e o primogênito herdou bens na Inglaterra e partilhou os que ficavam na Itália. Bártolo considerou odiosa a exclusão dos irmãos, e por isso, sem alcance extraterritorial, ainda que fosse considerado estatuto pessoal.

I.2.1.2. Escola Holandesa

Ulrich Huber: em seu texto *"De conflictu legum diversarumin diversis imperiis"*, abarca o conflito de leis entre diferentes Estados: As leis de um Estado são aplicadas somente nos limites do seu território; os súditos de cada Estado são aqueles que se encontram no território; as leis conservam sua força, mesmo fora dos limites territoriais.

I.2.1.3. Escola Alemã

Heinrich Freiherr von Cocceji, é um dos representantes: aceitação do Direito estrangeiro como cortesia internacional e direito natural. As pessoas devem ser regidas pelas suas leis nacionais e as coisas pela lei da situação.

I.2.2. Teóricos do DIPr

I.2.2.1. Joseph Story (EUA)

Teve uma concepção mais prática, baseada principalmente em decisões, americanas e inglesas. Entendeu a autonomia do Estado em aplicar o direito estrangeiro, a cortesia internacional, como um dever moral dos Estados agirem com justiça em relação aos estrangeiros.

I.2.2.2. Savigny (Alemanha)

Friedrich Carl von Savigny, buscou uma visão unificada das decisões, uma universalidade do sistema, uma vez que há uma comunidade internacional de nações e as mesmas relações jurídicas devem ter a expectativa da mesma decisão, seja qual for o estado, mas aceitava, como exceção, que o direito processual, é o direito do foro e reconhecia a existência de leis imperativas, que devem ser aplicadas pelo juiz. Há inolvidável modernidade na teoria de Savigny ao estabelecer que a relação jurídica deve ser apreciada, (lembramos, p.ex. a Convenção do México, de 1994, em igual sentido) pela lei mais adequada à natureza jurídica dessa relação. Preocupou-se com a questão da sede da relação jurídica, em relação ao domicílio, a lei do lugar da situação da coisa, a lei do lugar da execução, a lei do lugar do ato, a lei do foro, que estão em todos os estudos modernos.

I.2.2.3. Mancini (Itália)

Pasquale S. Mancini, foi o idealizador da nacionalidade como base do direito das gentes, sendo a nação mais importante que o Estado e adotou o princípio da extraterritorialidade, devendo o direito positivo seguir as pessoas. Com isso apresentou alguns elementos relevantes, como a diversidade de legislações existentes, a natureza essencialmente cosmopolita do ser humano, mas reconheceu a existência de leis imperativas, inafastáveis pela vontade das partes (a ex., Estado, capacidade, Direito de família), leis escolhidas pelas partes e as de ordem pública (soberania).

I.2.2.4. Pillet (França)

Antoine Pillet, desenvolveu a ideia do fim social e do menor sacrifício. Todas as leis são territoriais e extraterritoriais, mas um duplo caráter que não se conserva no comércio internacional, pois em cada caso deve prevalecer aquela que mais interessa para o efeito social e com menos sacrifício.

I.2.2.5. Espínola (Brasil)

Eduardo Espínola buscou delimitar bem o campo do Direito interno e do Direito Internacional Privado, e do Direito Internacional, porque este último se funda ou no costume internacional ou na vontade coletiva dos Estados, enquanto no DIPr as regras são apenas do Direito interno, sendo, pois, este, um Direito interno, e as regras de conflito a ele pertencem. Diz que as regras de DIPr são de três categorias:

a) regras de direito internacional, decorrentes dos usos e costumes internacionais e de tratados; b) regras de direito interno internacionalmente relevante, por serem formuladas em obediência a um dever que incumbia ao Estado; c) regras de direito interno internacionalmente relevante, porque o legislador não as formulou no cumprimento de obrigação imposta ao Estado.

I.2.2.6. Vilela (Portugal)

Machado Vilela diz que o Direito Internacional Privado assimilou o que é decorrente do costume internacional, reconheceu a existência dos tratados a que se obrigam os Estado nessa matéria e das leis que decorrem da livre-iniciativa dos Estados, que atendem exigências do direito positivo interno.

I.2.2.7. Valladão (Brasil)

Haroldo Valladão diz que as normas do Direito Internacional Privado determinam a aplicação da *lex fori* e da lei estrangeira. São normas indiretas delimitadoras da competência de outras normas jurídicas, as normas de conflito de leis.

Aí estão apenas algumas Escolas e alguns pensadores, que contribuíram para o desenvolvimento da matéria. Temos para nós que as normas de Direito Internacional Privado são normas internas, postas no Direito positivo nacional, para resolver problemas de aplicação ou não do direito estrangeiro sobre determinadas relações jurídicas, que possuam elemento estranho ao país, mas que aqui tenham alguma ligação, quer pela causa propulsora, quer pelo objeto, quer pela consequência, que pelo domicílio ou residência dos interessados, quer pela nacionalidade das partes envolvidas, quer, enfim, por algum ponto na relação jurídica, de conexão com o território. Tais normas são instrumentais, indicativas do Direito a ser aplicado. Na denominação "Internacional" está o fato de que existe elemento estranho ao país, e no complemento "Privado", a característica de que se trata de uma relação entre particulares, mas, por óbvio, não é internacional na acepção estrita da palavra. E, também, não é "Privado", no sentido de não ser público, posto que a Lei de Introdução às Normas do Direito Brasileiro, onde se encontra, basicamente, o nosso Direito Internacional Privado, não proporcionam escolha pelos particulares.

Capítulo II

Denominações, Conceito e objeto

Várias denominações foram dadas a este campo de estudo, cuja importância histórica revela a natureza e melhor compreensão da matéria: Direito Interprivado; Direito dos Estrangeiros; Direito Privado Humano; Direito Extraterritorial, Direito polarizado; Direito Interespacial; Direito Universal dos Estrangeiros; Direito Privado Externo; Interdireito. Direito de Delimitação; Direito Civil internacional; direito Interjurisdicional; Direito Transnacional, Direito das Relações de Conflito, e outras. Todos esses nomes, alguns mais técnicos e realistas, outros idealizados, consagrados por alguns autores, têm a função de revelar a verdadeira essência desse Direito, que é privado, e não público, abrange situações em que há elementos estranhos ao país, direito que se consagra entre, e além, fronteiras de um Estado, envolvendo particulares. Preferimos a denominação de Direito Internacional Privado, porque já aclamada em diversos estudos.

Muitos nomes se consagraram como estudiosos dessa matéria: Clóvis Beviláqua, Haroldo Valladão, Pontes de Miranda, Amilcar de Castro, Maria Helena Diniz, Jacob Dolinger, Ilmar Marinho Penna, João Grandino Rodas, Edgar Carlos de Amorim, Luiz Ivani de Amorim Araújo, Sebastião José Roque, Irineu Stranger, Oscar Tenório, Luis Antonio Gama e Silva, Osíris Rocha, Wilson de Souza Campos Batalha e outros. Aqui, apenas algumas referências, para que o estudioso possa buscar maiores informações.

Batalha[3] ressalta ser ele um ramo do Direito Público interno, o que tem sua razão de ser, porque indica o ordenamento jurídico aplicável às relações de direito privado, normalmente, sem oportunidade de escolha pelos interessados, que estão jungidos a seguir a legislação imposta. Na verdade, o Direito Internacional Privado, não seria nem internacional, pois é interno a cada país, nem privado, pois, o Estado impõe as regras básicas de interpretação, mas se aplica às relações privadas, que se conectam com mais de um território estatal. Podemos dizer, sem medo de errar, que é a parte do Direito que busca resolver os conflitos de leis no espaço, isto é, considerados determinados espaços territoriais de países diversos ou mesmo sistema jurídicos diversos, dentro de um mesmo Estado (é o caso dos Estados Unidos), e o conflito que possa disso resultar, quando da aplicação a um mesmo fato, que tenha ocorrido, de algum modo em ambos diferentes espaços, considerada nesta visão, a nacionalidade das pessoas envolvidas, a soberania e/ ou autonomia dos Estados, o objeto da transação ocorrida etc. Sempre que houver um ou mais elementos estranhos à determinada legislação (espaço territorial), sobre o qual pode incidir outra legislação alienígena. Duas ou mais legislações aplicáveis para o mesmo fato, em que há pelo menos um elemento de estraneidade. Nestes casos, há de se buscar os elementos de conexão, entre um sistema e outro, que possam construir um caminho de solução.

O aplicador da norma (advogado, parecerista, juiz) diante de um caso, em que há algum elemento fora do país, estará diante de algo mais complexo, que uma simples relação civil, comercial, trabalhista, ou de outra área do Direito interno, porque não poderá aplicar diretamente a norma

---

(3) BATALHA, Wilson de Souza Campos. *Tratado elementar de direito internacional privado.* 8. ed. São Paulo: Revista dos Tribunais, 2º vol., 1961. p. 5.

interna (civil, trabalhista, comercial, tributária, penal), para aquele conflito, pois, necessariamente terá de passar por uma norma instrumental, técnica, uma norma que aponte onde poderá ser encontrada a lei aplicável, no Direito interno ou no Direito estrangeiro.

Portanto, o Direito Internacional Privado não dá solução, de imediato, ao conflito que se examina, e em que há um elemento estranho, e sim, indica onde estará a solução. Daí a possibilidade, por exemplo, de um juiz brasileiro aplicar uma norma de outro país, se esse for o caminho de solução indicado, pelo Direito Internacional Privado. É parte integrante do Direito positivo de um Estado, não sendo, em nossa concepção, uma simples técnica de aplicação do Direito, porque tem espaço próprio, regras e princípios específicos.

Buscam alguns autores delimitar o campo de atuação do DIPr, o que não parece claro, porque ele se estende sempre que houver conflito de normas em qualquer área. No entanto, existem matérias que são mais estudadas no Direito Internacional Privado, como as questões que envolvem a nacionalidade, o domicílio e a residência de um indivíduo, porque as relações que ultrapassam as fronteiras de um Estado, têm o indivíduo, normalmente, como centro dessas relações.

Niboyet, citado por Stranger, especifica:

"...o direito internacional privado tem como objeto três matérias: a) a *repartição internacional dos indivíduos; b) a condição jurídica do estrangeiro; c) os conflitos de leis, de autoridade e de jurisdição. Em primeiro lugar, diz o consagrado internacionalista, os indivíduos em sua existência, estão sempre vinculados a um território, o que é considerado como terra propriamente dita, os mares territoriais, o espaço aéreo e a plataforma subterrânea, enfim, tudo que constitui o território do Estado. Essa vinculação do indivíduo ao território pode manifestar-se sobre três aspectos: político, jurídico e de fato. O vínculo que prende politicamente o indivíduo ao território se chama nacionalidade. O vínculo jurídico tem o nome de domicílio. O vínculo de fato se chama residência. Portanto, desdobra o estudo da nacionalidade em domicílio e residência, que também são pressupostos do direito internacional público."*[4]

Sem dúvida, a nacionalidade, em relação ao indivíduo, e seus desdobramentos, é um dos problemas centrais do Direito Internacional Privado, mas não só: no mundo globalizado a matéria de conflito, esta sim, a base de tudo, se estende por diversas áreas, que vai do indivíduo às empresas e às organizações que cria, entrando em conta, não só a pessoa natural, mas, também, a pessoa jurídica, e suas configurações.

Mais uma vez, nos valemos de Stranger:

"A tarefa do direito internacional privado é procurar qual a solução adequada para resolver um conflito de leis no espaço. O internacionalista deve levar em conta, evidentemente, o problema da uniformidade legislativa, da condição jurídica do estrangeiro, da nacionalidade, dos direitos adquiridos, que constituem elementos essenciais de apreciação e compreensão das questões que se oferecem ao julgador ou intérprete, mas sem deixar de considerar o fundamento básico, que é o conflito de leis. Ao lado de tudo isso não se deve desprezar o direito comparado, que consiste no exame de duas ou mais ordens jurídicas e suas estruturas culturais, para explicar as respectivas semelhanças e diferenças, mediante critérios próprios e autônomos."[5]

---

(4) STRANGER, Irineu. *Direito internacional privado.* 6. ed. São Paulo: LTr, 2005. p. 42.

(5) *Ibidem*, p. 46.

Maristela Basso ensina:

> "O objetivo precípuo da disciplina é, por conseguinte, o de estabelecer regras que determinam, no caso de conflito de lei entre dois ou mais sistemas legislativos, qual deles é competente para regular a espécie, podendo ser tanto o sistema nacional como o estrangeiro, conforme o elemento estrangeiro predominante da relação jurídica – ou o elemento de conexão que se deva considerar. As regras de direito internacional privado são ´regras de aplicação, que se destinam a indicar os casos em que normalmente se deve aplicar a lei nacional, e os que se deve julgar competente a lei estrangeira.´" (citando Eduardo Espínola).[6]

Opinamos pela especificação do objeto, com as questões que envolvem conflito de norma de territórios diferentes, mas não ficamos somente na esfera civil, embora esta ocupe a maior área de conflito, porque entendemos que o conflito pode existir além do campo civil, também no trabalhista, no comercial, no criminal, no tributário, no processual. Sempre que houver conflito, estamos diante de um caso de Direito Internacional Privado. Não só, porque, por vezes não há nela conflito, e sim, a aplicação certa de um ou outro ordenamento jurídico. Teríamos a possibilidade de duas leis de territórios diferentes serem aplicados a um mesmo caso e de apenas uma delas, diante da análise do caso concreto, ser a aplicada, o que não caracterizaria conflito. De qualquer modo, estaria em pauta sempre a existência de leis diversas, o que não é objeto do Direito Civil comum, ou do Direito do Trabalho, ou de outra área do Direito interno, a não ser, somente do Direito Internacional Privado.

---

(6) BASSO, Maristela. *Curso de direito internacional privado*. 6. ed. São Paulo: Atlas, 2020. p. 15.

Capítulo III

Princípios aplicáveis ao DIPr

A importância dos princípios para o Direito é que eles se constituem na base de toda a construção jurídica, e, em nosso entender é um dos veículos, da compreensão universal do Direito, como um fenômeno universal. O princípio informa um determinado campo do conhecimento, mostra o primeiro mapa, onde serão abertos os caminhos, é a fundação sobre a qual se erguerá o edifício, no caso, o edifício jurídico, que já está dentro de princípios maiores, aparecidos com a natureza e com o próprio ser humano: "*1. Lei geral que explica o funcionamento da natureza, e da qual leis mais específicas podem ser consideradas casos particulares. Ex. princípio da conservação da energia.*"[7] E dentro do pensamento cultural e social, levantam-se os princípios para a universalidade do entendimento e determinada matéria: "*Leis universais do pensamento, que constituem os fundamentos da própria racionalidade, e que permitem a estruturação do raciocínio lógico. Ex. princípio da ´identidade`, princípio ´do terceiro excluído`, princípio "da não-contradição`. 3. Causas primeiras, fundamentos do conhecimento; segundo Descartes, ´é preciso começar pela busca dessas causas primeiras, isto é, dos princípios; e estes princípios devem ter duas condições; uma, que sejam tão claros e evidentes que o espírito humano não possa duvidar de sua validade..., a outra, que seja deles que dependa o conhecimento das outras coisas, de sorte que possam ser conhecidos, sem elas, mas não reciprocamente*

(7) JAPIASSÚ, Hilton e MARCONDES, Danilo. *Dicionário básico de filosofia*. 3. ed. Rio de Janeiro: Jorge Zahar Editor, 1989. p. 220.

elas sem eles"[8]. É com base neste pensamento que achamos importante expor alguns princípios universais do Direito e do Direito Internacional Privado, pois, na interpretação das normas ou na falta delas, eles são um meio seguro para a solução de um conflito, para tanto nos servimos dos mais doutos em Filosofia do Direito e em Direito, por vezes apontando o nome do doutrinador, quando da expressão exata do pensamento sobre um determinado princípio, outras, apenas e tão somente esclarecendo o princípio apontado, conforme nossos estudos.

III.1. Princípio constitucional – Norma explícita ou implícita que dá as diretrizes fundamentais da Constituição Federal.[9]

III.2. Princípio da ampla defesa – aquele que assegura a todos os litigantes a amplitude da defesa de suas razões, quer seja em processo judicial ou em processo administrativo.[10]

III.3. Princípio da anterioridade – é o que em Direito Tributário exige a entrada em vigor da lei que institui um tributo ou um aumento de tributo, antes do exercício financeiro, ou o que em Direito Penal, o que diz que um fato só constitui crime e tem uma punição, se houver lei anterior do acontecido, que assim estabeleça;[11] é o que revela que se aplica a lei civil ou a lei trabalhista, se houver antes a prestação de serviços autônomos ou subordinados.

III.4. Princípio da autoexecutoriedade – é aquele segundo o qual a Administração Pública executa seus

---

(8) JAPIASSÚ, Hilton e MARCONDES, Danilo. *Dicionário básico de filosofia*. 3. ed. Rio de Janeiro: Jorge Zahar Editor, 1989. p. 220.

(9) DINIZ, Maria Helena. *Dicionário jurídico universitário*. São Paulo: Saraiva, 2010. p. 467.

(10) *Idem*.

(11) *Idem*.

próprios atos, sem que haja necessidade de um título executório prévio. Os atos administrativos produzem, por si, efeitos jurídicos.(12)

III.5. Princípio da autonomia da vontade – confere aos contratantes o poder de autoregulamentação de seus interesses, desde que se submetam às normas jurídicas.(13) Entra em todas as áreas do Direito, principalmente no Direito Privado, na feitura de contratos, no conteúdo procedimental de arbitragem, na escolha e prática de atos internacionais. É o que dá o poder de encetar negociações. Pressupõe para a possibilidade de negociação, o exercício de três liberdades: a) a liberdade de escolher o outro contratante; b) liberdade de escolher o tipo contratual; c) liberdade de determinação do conteúdo. Move praticamente, todo o Direito, impulsiona as atitudes e a atuação administrativa do Estado.

III.6. Princípio da concentração – refere-se à concentração dos atos, em processo civil, trabalhista e mesmo em processos administrativos, proporcionando às partes e seus advogados o desenvolvimento lógico dos argumentos, numa só audiência, num só momento. Proporcionando um caminho reto, sem idas e vindas, retornos inesperados, surpresas processuais e/ou procedimentais.

III.7. Princípio da economia processual – "aquele pelo qual se deve conseguir o máximo com um mínimo de tempo."(14)

III.8. Princípio da especialidade – "é aquele que, desdobrando-se do princípio da isonomia, propugna o

---

(12) DINIZ, Maria Helena. *Dicionário jurídico universitário*, São Paulo: Saraiva, 2010. p. 467.

(13) *Ibidem*, p. 467/468.

(14) *Ibidem*, p. 468.

tratamento desigual, fazendo-se as diferenciações exigidas fática e axiologicamente."[15]

III.9. Princípio da eticidade – "é o que se funda no respeito à dignidade humana, dando prioridade à boa-fé subjetiva e objetiva, à probidade e à equidade."[16]

III.10. Princípio da isonomia – tratamento igual, sem distinção de sexo, raça, religião, classe social, convicção política, com aplicação da lei para todos os cidadãos, nos seus direitos e obrigações. Tratar igualmente os iguais e desigualmente os desiguais.[17]

III.11. Princípio do livre convencimento do juiz – por este princípio o juiz é livre para após os argumentos e provas, ter a sua convicção.

III.12. Princípio da diversidade cultural – "exige o respeito às formas originais e plurais de identidade dos mais diversos indivíduos envolvidos nos fatos transnacionais, evitando a hegemonia da visão do mundo do Estado do foro."[18]

III.13. Princípio da cooperação internacional – Os Estados são soberanos e independentes, mas por princípio devem cooperar, entre si, tanto em matéria de Direito Internacional Público (obediência aos termos dos tratados assinados; subordinação aos ditames das organizações internacionais a que aderem, costumes e princípios internacionais), bem como em Direito Internacional Privado, buscando regular os fatos transnacionais e à medida do possível, uniformizar ou adequar as regras de Direito que

---

(15) DINIZ, Maria Helena. *Dicionário jurídico universitário*, São Paulo: Saraiva, 2010. p. 467.

(16) *Ibidem*, p. 468

(17) *Ibidem*, p. 312/313.

(18) *Ibidem*, p. 115.

lhes sejam aplicáveis, interpretando-os em benefício das partes, independentemente de suas respectivas nacionalidades, salvo normas de ordem pública interna, e levando em consideração a soberania dos Estados.

III. 14. Princípio de acesso à Justiça e ao devido processo legal – consiste em não existir obstáculos para que o interessado, cidadão do mundo, independentemente de sua nacionalidade, possa acessar a Justiça para defesa de seus interesses, na posição de autor ou réu, podendo se utilizar de todos os instrumentos jurídicos possíveis, que são postos pela ordem jurídica à disposição das partes. Desdobra-se em vários outros princípios: da ubiquidade da jurisdição (nenhuma questão é afastada do controle jurisdicional), da garantia do direito de ação, da inafastabilidade do controle jurisdicional, da tutela jurisdicional adequada.

III.15. Princípio da segurança jurídica ou da uniformidade de tratamento – por este princípio busca-se a mesma solução jurídica para os fatos transnacionais, observando as decisões e atos ocorridos em outros Estados e que possam influir em determinados fatos extraterritoriais, preservando situações jurídicas consolidadas.

III.16. Princípio da confiança – é um princípio geral do Direito, incidente nas relações privadas, bem como no setor público, observando a previsibilidade de conduta de todos os integrantes da sociedade (Estados, organizações, instituições, empresas, pessoas físicas). Na expectativa de que as regras e os pactos deverão ter cumprimento normal; preserva o equilíbrio das relações e o equilíbrio dos contratos.

III.17. Princípio da correlação entre a demanda e a decisão – os fatos narrados pelas partes devem servir de substrato para a decisão judicial, administrativa ou arbitral.

Há correlação entre todos os elementos do processo ou do procedimento (partes, causa de pedir, pedido etc).

III.18. Princípio do não-enriquecimento sem causa – abrange todas as situações em que o ganho não seja justificado. Aumento patrimonial indevido. Todo ganho patrimonial deve provir de uma causa jurídica justa, de um ato jurídico válido, de uma obrigação legalmente admitida; se não houver, em linhas gerais, essa causa jurídica e socialmente justificável, o que assim se beneficiou deve ressarcir quem for o prejudicado (Estado, empresa, pessoa natural).

III.19. Princípio da instrumentalidade das formas – O Estado, por intermédio do Judiciário, busca solucionar um litígio e o processo é o instrumento para tanto. As formas processuais correspondem a uma necessidade de ordem, de certeza e de eficácia e as partes devem rigorosamente obedecer às suas regras. Somente assim, o processo cumprirá a sua finalidade e dará segurança a quem procura o Judiciário. Na arbitragem, o mesmo deva acontecer, ainda que as partes tenham maior liberdade no estabelecimento dos passos procedimentais; uma vez acordado o caminho, este será seguido para o resultado esperado. Aqui, deve-se atentar que forma, desenhada em lei para a segurança das partes, não é o formalismo que desvia o processo de seu objetivo. As formas prescritas em lei geram segurança. Todo processo tem forma, é da sua essência, a completa ausência de regulamentação levaria ao caos e à justiça a qualquer preço: "*Art. 188, CPC: Os atos e os termos processuais independem de forma determinada, salvo quando a lei expressamente o exigir, considerando-se válidos os que, realizados de outro modo, lhe preencham a finalidade essencial.*", mas há um mínimo de regras a serem seguidas, para que funcionem os atos processuais. Ainda que não obedecida eventual regra, se mesmo assim, viciado o ato, alcançar, tal vício não resultar em prejuízo para uma das partes e alcançar a finalidade, nulo não será.

III.20 – Princípio da motivação das decisões judiciais – Este princípio determina que as razões da decisão devem ser expostas com clareza, coerência, congruência, e dentro dos limites das reivindicações das partes e do Direito (art. 93, IX, CF), sendo a motivação necessária para a segurança jurídica no Estado democrático de Direito. A racionalidade da decisão é alcançada por intermédio dos motivos que levaram o juiz a tomar uma decisão, possibilitando, nos termos da lei, o direito ao recurso e a uma decisão diversa, talvez, mais justa, ou se assim não for possível, pelo regime processual (onde não couber mais recurso), ou qualquer outra decisão, a única garantia é o conhecimento pleno das razões de decidir, o que, no mínimo, faz estabelecer a paz social.

III.21. Princípio da norma mais benéfica de proteção – Aqui diz respeito ao sistema contemporâneo de direitos humanos. A lei interna diz muito, a lei internacional, advinda de um tratado, também, mas todas devem estar concordes com o respeito aos direitos humanos, mesmo para o vencido em determinado processo. Tanto no plano internacional como no plano interno, campos que se interagem, a necessidade de proteção do ser humano, responde pela primazia da pessoa humana. Tal princípio se insere no Direito Penal, no Direito Civil, no Direito do Trabalho, no Direito Empresarial e no Direito Internacional. Aplicar a norma e fazer valer o ordenamento jurídico, sem menosprezo da pessoa, que deve, eventualmente, pagar pelo seu erro, dentro dos limites legais, sem atingimento de sua dignidade.

III.22. Princípio da proteção dos dados pessoais – Corolário do princípio anterior. O desenvolvimento da tecnologia e das diversas formas de comunicação, não pode ser uma abertura para expor aquilo que é sagrado para cada ser humano, na busca da verdade dos fatos. Livre acesso das informações sobre determinada pessoa, somente poderão ser reveladas sobre determinadas circunstâncias. Os dados pessoais, quando imprescindíveis para o deslinde do feito, devem ser utilizados estritamente para a finalidade para as quais foram coletados, sem desnecessária exposição para fora dos autos do processo. O banco de dados, contendo informações pessoais, só pode vir a público com autorização prévia. Há que se ter presente a exatidão dos dados, para não causar danos ocultos, com a incorreção de sua verdade, originando falso juízo em relação a uma pessoa. Daí a responsabilidade grande do Estado e de todos envolvidos na divulgação de dados, que recebem a proteção de não divulgação indevida.

Acima estão descritos alguns dos princípios mais importantes, pelos quais o aplicador da norma deve se guiar, quando enfrenta problemas de conflito interno ou internacional, nas relações jurídicas.

Capítulo IV

Fontes do Direito Internacional Privado

As fontes – onde se buscam as normas de determinada matéria – estão, no caso do Direito Internacional Privado, situadas preponderantemente, no plano interno, isto é, no território do Estado, a saber: a lei, a doutrina, a jurisprudência e tratados.

IV.1. Lei

Basicamente a Lei de Introdução. Houve uma ao Código Civil em 1916, depois substituída em 1942, pelo Decreto 4.657, ambas contendo normas de Direito Intertemporal e de Direito Internacional Privado, e depois, aperfeiçoando, de forma clara, como já vimos, em 2010, pela Lei de Introdução às Normas do Direito Brasileiro. Não se cingindo ao Código Civil, embora nele anexada, porque abrange todos os códigos e todas as disposições legislativas, e no caso, deste estudo, dá as normas básicas para apontar as regras de conflito.

IV.2. A doutrina

Como a lei necessita de interpretação e os casos de aplicação, principalmente no mundo moderno, abrangem, cada vez mais, situações, que ultrapassam as fronteiras, e cada vez mais complexas, a doutrina tem papel fundamental, para dar subsídios àqueles que necessitam de soluções. Os nomes mencionados no capítulo de n. 2, são alguns dos que podem ser consultados. A gama de estudiosos é muito grande e diversificada. Não se pode, ter a letra da lei, sempre com clareza de solução para fatos que ocorrem, a cada minuto, na heterogeneidade do mundo globalizado. As questões jurídicas, quase não são mais domésticas, e a legislação interna necessita ser interpretada a cada momento; a mesma norma se reveste de roupagem diversa diante de fatos novos, não pensados pelo legislador. A doutrina é essencial; sem ela, impossível o desenvolvimento do Direito, porque a lei é a regra de base, a partir daí, tudo é construção. É velha a concepção de que o fato vem antes da norma; acontece um fato e diante dele, cria-se uma norma, mas também o legislador se antecipa e cria normas sobre fatos que ainda não ocorreram, ou, e aí vem a grande contribuição dos doutrinadores, que interpretam as normas, em face dos fatos, novos ou velhos, inusitados ou comezinhos, e inspiram a renovação da própria manifestação legislativa.

IV.3. A jurisprudência

O Brasil aos poucos está entrando na era da globalização dos inter-relacionamentos, e aqui, acolá, os casamentos entre pessoas de nacionalidade diversa vão acontecendo, bem como ocorrem aos poucos uma intensificação das transações comerciais e contratos de natureza civil, cujos cocontratantes são pessoas e empresas de países diversos. Como natural, há consequências decorrentes desses fatos, que nem sempre são resolvidas de comum acordo, e exigem a atuação da mediação, da arbitragem, dependendo da natureza da negociação e do Judiciário. Os tribunais, pois, vão aos poucos se acostumando a solucionar pendências jurídicas que tenham essa complexidade, e suas decisões passam a alimentar a melhor interpretação do Direito.

Por exemplo, o Supremo Tribunal Federal foi acionado em uma questão referente a um "habeas corpus" e o Pacto de São José da Costa Rica, envolvendo a possibilidade ou não de prisão civil do depositário infiel. A Constituição de 1988 autorizou a prisão e o procedimento foi previsto pelo legislador ordinário. Por outro lado, no referido Pacto, assinado pelo Brasil, só é permitida a prisão por dívida alimentícia. O Ministro Celso de Mello, relator do caso, interpretou que os tratados sobre direitos humanos, assinados antes da reforma constitucional de 2004 – caso do Pacto de San José da Costa Rica – deveriam ter hierarquia de norma constitucional, mas no caso concreto, a prisão seria impossível. Outros entenderam que o tratado de direitos humanos é norma supralegal. De qualquer modo, não se possibilitou a prisão do depositário infiel. Interessante destacar o teor do voto, no caso de conflito entre a norma interna e a norma internacional, em matéria de direitos humanos: "*...após detida reflexão em torno dos fundamentos e critérios que me orientaram em julgamentos anteriores (RTJ 179/493-496.v.g.), evoluí, Senhores ministros, no sentido de atribuir, aos tratados internacionais em matéria de direitos humanos, superioridade jurídica em face da generalidade das leis internas brasileiras, reconhecendo, as referidas convenções internacionais, nos termos que venho de expor, qualificação constitucional, como preconiza, em douto magistério, o eminente Professor Luiz Flávio Gomes ("Estado Constitucional e Direito e a nova pirâmide jurídica", p. 30 e ss., 2008, São Paulo, Premier Máxima)... (...) O fato, Senhores Ministros, é que, independentemente da orientação que se venha a adotar (supralegalidade ou natureza constitucional dos tratados internacionais de direitos humanos), a conclusão será, sempre, uma só: a de que não subsiste, em nosso sistema de direito positivo interno, o instrumento da prisão civil nas hipóteses de infidelidade depositária, cuide-se de depósito voluntário (convencional) ou trate-se, como na espécie, de depósito judicial, que é modalidade de depósito necessário.*"

O exemplo acima, serve para indicar como a jurisprudência, interpretação dos tribunais, atua em matéria de Direito Internacional, bem como em outras, tornando-se fonte do Direito Internacional. Entendemos, particularmente, embora não mude a decisão estabelecida, com a qual concordamos, que os tratados de direitos humanos, constituem-se em norma supralegal (art. 5º. §§ 1º. 2º. e 3º. da CF).

De qualquer modo, a jurisprudência tem papel preponderante como fonte de Direito, principalmente nos países do *common law*; no Brasil, embora sejamos, basicamente um país do *civil law*, tendo em vista, algumas normas do Código de Processo Civil, a exemplo do art. 927, que determina a observação pelos juízes das decisões do Supremo Tribunal Federal, os enunciados e súmulas vinculantes, e outros, que dão preeminência às interpretações judiciais.

IV.4. Os tratados internacionais

Os tratados internacionais, abrangendo as convenções e acordos internacionais, multilaterais e bilaterais, enfim, todos atos complexos internacionais, que o Brasil adere, assina e/ou ratifica, podem uniformizar regras de Direito Internacional Privado ou adequá-las em cooperação internacional. Como, por exemplo, os tratados que cuidam de conflitos que envolvam a nacionalidade, a condição de apátrida – que deve ser evitada –, a dupla nacionalidade:

- a Convenção de Haia sobre Nacionalidade, de 1930;
- o Código de Bustamante (Convenção de Havana);
- a Convenção da ONU sobre Prestação de Alimentos no Estrangeiro; Acordos sobre extradição;

- Convenção sobre Cooperação Internacional e Proteção de Crianças e Adolescentes em Matéria de Adoção Internacional;
- as convenções que uniformizam regras de conflito de leis;
- o Tratado de Lima, de 1978, de Montevidéu, de 1889, 1939, 1940;
- as Convenções Interamericanas da CIDIP, 1975, Montevidéu, 1979 e 1989, México, 1994, Washington, 2002.
- a Convenção sobre os Aspectos Civis do Sequestro Internacional de Crianças, 1980;
- a Convenção sobre o Acesso Internacional à Justiça;
- Convenção sobre a Eliminação da Exigência de Legalização de Documentos Públicos Estrangeiros – Convenção da Apostila;
- a Convenção sobre a Cobrança Internacional de Alimentos para Crianças e Outros Membros da Família;
- o Protocolo sobre a Lei Aplicável às Obrigações de Prestar Alimentos;
- a Convenção Relativa à Citação, Intimação e Notificação no estrangeiro de Documentos Judiciais e Extrajudiciais em Matéria Civil e Comercial.
- Várias Convenções feitas no âmbito da Organização dos Estados Americanos:
- de proteção aos direitos (sobre a adoção); restituição internacional de menores; de obrigação

alimentar; sobre tráfico internacional de menores; de procedimento, como sobre arbitragem comercial internacional; sobre cartas rogatórias; sobre lei aplicável em matéria de cheques; sobre conflitos de leis em matéria de sociedades mercantis; sobre personalidade e capacidade das pessoas jurídicas em Direito Internacional Privado.

No Mercosul, há um considerável número de convenções, principalmente em matéria processual:

- o Protocolo de Cooperação e Assistência Jurisdicional em Matéria Civil, Comercial, Trabalhista e Administrativa (Protocolo de Las Leñas);
- o Protocolo de Buenos Aires sobre Jurisdição Internacional em Matéria Contratual;
- o Protocolo de Medidas Cautelares (Protocolo de Ouro Preto);
- o Acordo sobre Arbitragem Comercial Internacional;
- o Acordo de Extradição.

E várias outras que buscam facilitar os procedimentos, com diversos outros países.

Quando uma dessas convenções é assinada e ratificada pelo Brasil, este se compromete no âmbito internacional pela sua aplicação no Direito interno, em todos os campos em que houver a incidência, das mesmas, que em geral segue o seguinte caminho: negociação internacional; assinatura; aprovação pelo Congresso Nacional, Decreto-legislativo (ratificação interna); aprovação pelo Executivo (Decreto-executivo), carta de ratificação no plano externo, publicação no Diário Oficial. Reportamo-nos aos cursos de Direito

Internacional Público, em especial, ao nosso Curso (16 para a 17ª edição), Curso de Direito Internacional Público, e, também, ao Curso de Direito Internacional Público e Privado do Trabalho, 5ª. edição, ambos pela LTr, que possuem capítulo específico sobre a matéria[19].

Importa, ainda dizer, que mesmo as convenções não-ratificadas, são vistas como fontes de Direito Internacional Privado, tendo em vista, que a sua entrada em vigor, interna e internacionalmente, depende, por vezes de caminho longo e formal, mas que representam o pensamento jurídico e estão de acordo com o ordenamento jurídico, e, portanto, as soluções que nela vem descritas para os diversos casos, já são adotadas pela doutrina e pela jurisprudência, e ainda, que assim não aconteça, o estudo e análise que precede a formalização interna de uma convenção, exercem influência nas decisões internas, que, por vezes, estão diante de um caso com lacuna legislativa; influenciam os tribunais e os próprios legisladores, na busca de regras em casos similares.

Temos aí uma interseção de matérias do Direito Internacional Público com o Direito Internacional Privado. A aplicação de uma convenção internacional para dirimir um conflito que ultrapassa as fronteiras do Estado, que tenha um elemento de estraneidade, necessita de conhecimento daquela primeira área e, concomitantemente, de conhecimento da segunda.

Também a de uniformizar as leis pela Unificação do Direito Privado – UNIDROIT, com diversos acordos, a exemplo da Convenção sobre Bens culturais furtados ou ilicitamente exportados – Decreto n. 3.166/99, e outras sobre letras de câmbio e notas promissórias e, que vieram se incorporar mais

---

(19) HUSEK. Carlos Roberto. *Curso de direito internacional público.* 16. ed. São Paulo: LTr, 2021

tarde, como a Convenção sobre Contratos de Venda de Mercadorias – Decreto n. 8.327/2014. São apenas alguns exemplos.

Definitivamente, o Direito não é para jejunos. É ciência e deve ser bem estudado. Nossos Elementos dão o primeiro passo. Aqueles que quiserem um aprofundamento neste assunto, devem consultar os Cursos, e aqui, indicamos os Cursos de Jacob Dolinger e Carmem Tibúrcio[20], o de André de Carvalho Ramos[21], o de Maristela Basso[22] e dentre outros, o clássico, de Irineu Stranger.[23]

IV.5. Costume internacional

A prática de determinados atos, em matéria civil, processual, empresarial, de forma reiterada, ao longo do tempo, revelam o costume internacional, que deve ser seguido pelos Estados e particulares e nas relações privadas que engendram, o que torna as relações previsíveis e equilibradas, evitando as surpresas, que provocam conflitos. Em cada caso concreto há de ser vista a lei interna e/ou internacional aplicável e, eventualmente, o costume, quando, efetivamente comprovado.

IV.6. *Soft Law*

Nos tempos atuais descobriu-se o que convencionou chamar de *soft law*, ou, guardadas as devidas proporções, o "direito flexível", que leva em conta, sem desrespeitar o sistema, a realidade social. Aliás, o sistema jurídico, que não

---

(20) DOLINGER, Jacob e TIBÚRCIO, Carmem. *Direito internacional privado.* 13. ed. São Paulo: Forense, 2016.

(21) RAMOS, André de Carvalho. *Curso de direito internacional privado.* 2. ed. São Paulo: Saraiva, 2021.

(22) BASSO, Maristela. *Curso de direito internacional privado.* 6. ed. São Paulo: Atlas, 2020.

(23) STRANGER, Irineu. *Direito internacional privado.* 6. ed. São Paulo: LTr, 2005.

se funda na realidade social, tende a ser como um castelo de cartas, que à menor brisa se desboroa. A concepção da *soft law* nos lembra muito, a figura do junco em contraposição à árvore frondosa; a árvore frondosa seria a lei, rigidamente considerada, o junco a *soft law*, que sem perder suas propriedades, se flexibiliza e se mantém, Quando há uma grande catástrofe, a árvore frondosa pode quebrar-se, ser derrubada e morrer, o junco, se dobra e após passada a borrasca, volta à mesma posição. Por vezes o sistema jurídico, para se manter hígido, necessita do junco, da flexibilidade, sem quebra das colunas que o edificam. Esta é uma das suas concepções, que muito nos agrada. Lembramos que as normas da Organização Internacional do Trabalho, por exemplo, têm natureza de *soft law*, adaptam-se, sem perder a mensagem normativa básica, ao país que a elas aderiu.

Não deixa de ser uma escolha, uma opção ao *hard law*, quando possível, levando em conta uma análise mais ampla dos fatos, político-econômica, e não, simplesmente jurídico-normativa, mas justifica-se como uma transformação e de construção de novas normas. Servem também como "códigos de comportamento". Explicita Carvalho Ramos: "*Nesse sentido, o julgador pode utilizar essas regras não vinculantes para auxiliar na interpretação e integração das regras vinculantes (a chamada* 'hard law'*) de Direito Internacional Privado. O DIPr conta com amplo conjunto de normas de* ´sof law´ *veiculadas por meio da edição de leis-modelo e recomendações. As leis-modelo e as recomendações representam instrumentos internacionais não vinculantes, que são oferecidos aos Estados para que, caso queiram, adotem legislação interna compatível.*"[24]

Não entendemos, porém, que a *soft law* possa ser contrária ao sistema jurídico; deve ser com ele compatível, e

(24) RAMOS, André de Carvalho. *Curso de direito internacional privado*. 2. ed. São Paulo: Saraiva, 2021. p. 122.

quando inspira a criação de normas pelo Estado, tais normas, por certo, também estão dentro do sistema. Com isso, partimos da ideia de que o sistema jurídico é um sistema aberto à influência de diversas matérias, alimentando-se dos grandes princípios do próprio Direito e de outras matérias (Psicologia, Sociologia, Economia e outras). O Direito não é e não pode ser desgarrado da realidade social, mas também, não se confundi com ela, porque deve dar caminhos, parâmetros para a solução dos casos conflituosos.

Assim, por vezes, aquele que deve encontrar solução para um caso de estraneidade, pode buscá-la em regras do *soft law*, criadas pelos próprios interessados, por organizações ou por costumes.

Capítulo V

Conflito entre Fontes

Entre um tratado internacional e a lei interna, tendo em vista que os tratados se transformam em lei, poder-se-ia dizer que, aplicável, em princípio, o tratado. Todavia, as situações não são simples. Vejamos:

V.1. Tratado assinado e ratificado antes da lei, que vem posteriormente ao sistema jurídico

Em primeiro lugar, por lógica, isto não deveria acontecer. A Lei posterior não revoga tratado, nem o torna ineficaz. Se a lei é importante e reflete uma nova forma do país ver os fatos que ocorrem na sociedade, há de se denunciar o tratado, para que o país, por ele não mais se obrigue na esfera internacional; caso contrário, o que se espera que as leis criadas posteriormente a um tratado não estejam em desacordo com este.

Há aqui dois caminhos clássicos e teóricos da visão do Direito Internacional Público: monismo e dualismo.

Pelo monismo, o sistema jurídico é um só, como círculos concêntricos: o maior, o círculo do Direito Internacional (p.ex. tratados), o menor do Direito Interno, que deve se reportar àquele (Kelsen), e, em tal caso prevaleceria a regra internacional (primazia do Direito internacional radical); outra, que diz ser o Direito Internacional aplicável, salvo se não contraria normas fundamentais do Estado, e outra que equaliza as situações, fazendo prevalecer a fonte mais antiga, pela ordem cronológica. Há, também, os que entendem a primazia do Direito Interno sobre o Direito Internacional. Não vislumbramos essa possibilidade no sistema jurídico nacional, uma vez que pela Constituição Federal, os tratados internacionais devem prevalecer, principalmente em matéria de direitos humanos. Nas outras matérias, dependem da aprovação legislativa (dualismo), contudo, como dissemos, a incorporação da norma internacional no Direito interno deveria seguir uma lógica jurídica: como o Brasil pode negociar, votar, assinar, enviar uma carta de ratificação, publicar no Diário Oficial, o tratado, transformando-o em lei, e, depois, simplesmente criar outra lei que contrarie a anterior, decorrente do tratado? Salvo pela denúncia, se não anterior à criação da nova lei, pelo menos, a ela posterior.

No Brasil, inclinou-se para o monismo absoluto ou radical; o tratado prevalece sobre a lei. Veja o exemplo do Código Tributário Nacional, em seu art. 98, embora as discussões que enseja: "*Art. 98. Os tratados e as convenções internacionais revogam ou modificam a legislação tributária interna, e serão observados pela que lhes sobrevenha.*" Apesar das celeumas doutrinárias, entendemos ser este um bom parâmetro, porque de acordo com a própria Constituição Federal: "*Art. 5º. § 2º. Os direitos e garantias expressos nesta Constituição não excluem outros decorrentes do regime e dos princípios por ela adotados, ou dos tratados internacionais em que a República Federativa do Brasil seja parte.*"

Entretanto, algumas decisões do STF são pela paridade normativa entre atos internacionais e normas infraconstitucionais de Direito interno, a exemplo do julgamento da ADINMC 1.480, de relatoria do Ministro Celso de Mello, de 4.9.1997: "*É na Constituição da República - e não na controvérsia doutrinária que antagoniza monista e dualistas – que se deve buscar a solução normativa para a questão da incorporação dos atos internacionais ao sistema de direito positivo interno brasileiro. O exame da vigente Constituição Federal permite constatar que a execução dos tratados internacionais e a sua incorporação à ordem jurídica interna decorrem, no sistema adotado pelo Brasil, de um ato subjetivamente complexo, resultante da conjugação de duas vontades homogêneas: a do Congresso Nacional, que resolve, definitivamente, mediante decreto legislativo, sobre tratados, acordo ou atos internacionais (CF, art. 49, I) e a do Presidente da República, que, além de poder celebrar esses atos de direito internacional (CF, 84, VIII), também dispõe – enquanto Chefe do Estado que é – da competência para promulga-los mediante decreto. O iter procedimental de incorporação dos tratados internacionais – superadas as fases prévias da celebração da convenção internacional, de sua aprovação congressional e da ratificação pelo Chefe de Estado – conclui com a expedição, pelo Presidente da República, de decreto, de cuja edição derivam três efeitos básicos que lhe são inerentes: (a) a promulgação do tratado; (b) a publicação oficial de seu texto; e, (c) a executoriedade do ato internacional, que passa, então e, somente então, a vincular e a obrigar no plano do direito positivo interno."*

No entanto, não entendemos que essa norma fira o pacto federativo, e, portanto, não a entendemos como inconstitucional, como alguns se referem: "*Caminhando pela vertente majoritária da doutrina, José Carlos Faleiro sustenta a constitucionalidade do art. 98, sob argumento básico de que ali se consagrou, em termos categóricos, o princípio da superioridade do Direito Internacional Convencional sobre o Direito interno. Com base nesse princípio, não faria o menor sentido que a Nação, ao ratificar tratados ao lado dos demais Estados do mundo, sendo estes tratados introduzidos validamente no ordenamento jurídico por ato do Congresso, visse seu acordo frustrado pelas modificações operadas no direito interno, sem que tenha havido expressa intenção de tornar esse tratado nulo. Por isso, a lógica contida no art. 98, nesse sentido, faz-se absolutamente correta."*(25)

Não estamos atrelados eternamente aos tratados assinados, mas é necessário que o Brasil atue com clareza na esfera internacional: cumpra os tratados ou faça a devida denúncia, suspendendo-os da aplicação interna. A eventual colisão de normas, obrigará o intérprete a aplicar, fundamentadamente, uma ou outra; optamos pela aplicação do tratado, enquanto estiver em vigência.

Continuamos no mesmo raciocínio em relação ao art. 151 da Constituição Federal: *"É vedada a União: III – instituir isenções de tributos de competência dos Estados, do Distrito Federal ou dos Municípios."*, porquanto se o Brasil se compromete por intermédio de um tratado internacional a concede a isenção de um tributo, a União o faz em nome do Estado brasileiro e não como um ente interno (União, Estados, Municípios). Como entidade interna ela é vedada a conceder a isenção de imposto a um Estado estrangeiro, de competência de uma das partes da federação, mas como Estado (de Estado para Estado), ela poderá fazê-lo. Observe-se o art. 21, inciso I, da Constituição Federal: "Compete à União: I – manter relações com Estados estrangeiros e participar de organizações internacionais.", e, assim, a União representa o Brasil no âmbito do Direito Internacional Público, e age em nome do todo, abrangendo a própria União, os Estados e os Municípios.

Assevera ainda, parte da doutrina citada: *"Em prevalecendo o entendimento de que a União não poderia mais conceder isenção de impostos estaduais e municipais e de que, não podendo celebrar tratados contrários à Constituição Federal, os tratados já firmados perderiam a eficácia nesse particular, estará criado um sério problema no âmbito internacional. Se assim não fosse,*

---

(25) DE GUSMÃO, Daniela Ribeiro. *Comentários ao código tributário nacional.* São Paulo: MP Editora, 2005. p. 838.

desde a entrada em vigor da nova Carta Constitucional, todas as regras de tratados internacionais que versassem sobre tributos de isenções estaduais e municipais estariam derrogadas, inclusive as regras consagradoras do princípio da equivalência do tratamento fiscal. Além disso, o art. 98 do CTN só teria eficácia no âmbito da União, não tendo mais aplicabilidade em relação aos Estados, aos Municípios e ao Distrito Federal."[26] A matéria não é simples, e é discutível, nos âmbitos do Direito interno, constitucional, do Direito interno tributário e no Direito Internacional.

V.1.1. Conflito entre um tratado internacional e a Constituição Federal

De certo modo, já respondemos a esta questão, entendendo que o tratado deve prevalecer, se a Constituição modificativa for posterior ao tratado, até que o tratado seja denunciado. Raciocínio contrário poderá ser feito em tratado posterior a uma nova Constituição, que com ela colida, porquanto, na verdade, o tratado não deveria ser negociado e aprovado, em termos contrários à Lei fundamental do país. Todavia, é certo que os parceiros internacionais não podem ser prejudicados, por não saberem o que é ou não fundamental para o Estado que o pactua (vide arts. 27 e 46 da Convenção de Viena de 1969 (sobre o Direito dos Tratados). Se acaso assim ocorrer – assinatura de um tratado contrário à Lei Fundamental – devem ser apuradas as responsabilidades tanto no Direito interno como no Direito Internacional, sem prejuízo para os países que compactuaram o tratado de boa-fé. Não se pode olvidar a norma constitucional do art. 102, III, b (compete ao STF julgar, mediante recurso extraordinário, quando a decisão recorrida declarar a inconstitucionalidade de tratado ou lei federal). Em outras palavras, o Judiciário

(26) DE GUSMÃO, Daniela Ribeiro. *Comentários ao código tributário nacional.* São Paulo: MP Editora, 2005. p. 846.

sempre poderá julgar a inconstitucionalidade de um tratado, mas o Brasil poderá vir a ser condenado na esfera internacional pelo descumprimento. Vale o que já dissemos sobre a responsabilidade do Estado ao negociar, assinar e ratificar tratados internacionais, por esse motivo, é que os tratados negociados passam por diversas comissões no Congresso, antes de sua efetiva aprovação e resposta aos interessados.

O tratado que versar sobre direitos humanos, aprovado na forma da Emenda 45, de 08 de dezembro de 2004 (art. 5º. da CF), terá *status* de emenda constitucional, não se verificando conflito entre o tratado e a Constituição. Explicam Dolinger e Tibúrcio: "*O Código de Bustamante, art. 4º. Classifica os preceitos constitucionais na categoria de leis de ordem pública internacional. Ora, considerando que as convenções de Direito Internacional Privado respeitam a ordem pública Internacional de cada Estado-Membro, contendo sempre um dispositivo expresso com essa ressalva, conclui-se que, quando uma regra convencional ferir norma constitucional, não poderá prevalecer em consideração à ordem pública internacional do foro. Esse argumento é válido mesmo na hipótese de a Constituição ser promulgada quando já vigente o diploma internacional.*"[27]

A partir daí, várias questões foram suscitadas no foro nacional e discutidas na doutrina: a exemplo do Recurso Extraordinário n. 80.004 (validade de um Decreto-lei – 1969 – que continha regra contrária à Convenção de Genebra sobre letras de câmbio e notas promissórias); o art. 98 do Código Tributário Nacional, já mencionado; o art. 151, III, da CF (ambos analisados em item anterior), o tratado de extradição e o Estatuto do Estrangeiro; a questão da prisão civil; a Convenção de Paris, de 1983, que admite a proteção

---

(27) DOLINGER, Jacob e TIBÚRCIO, Carmem. *Direito internacional privado.* 13. ed. São Paulo: Forense, 2016. p. 86.

da marca mesmo antes do registro, desde que notória, enquanto a lei brasileira exige o registro e etc.

V.2. Conflito entre a lei substancial, e a Lei de Introdução

O raciocínio aqui é simples. Como a norma que está dentro do campo do Direito Internacional Privado é imperiosamente indicativa do Direito a ser aplicado, se ela determinar que há de ser aplicado o Direito estrangeiro em detrimento do Direito nacional, é o estrangeiro que deverá ser aplicado. Não vemos, em princípio, a existência de conflito entre a norma de DIPr. São normas de natureza diversa. Contudo, a norma substancial do Direito estrangeiro pode ser inaplicável por ofender a ordem pública, os bons costumes ou a soberania nacional, nos termos do art. 17, da LINDB.

Capítulo VI

Estrutura e natureza das normas de conflito

A norma de DIPr apresenta duas características básicas: delimita a eficácia das normas internas, quando verifica ser ela inaplicável e aponta a lei estrangeira que deve reger determinada relação. Todavia, em um e em outro caso, obriga o aplicador a fazer um primeiro raciocínio de verificação, antes de indicar se confirma a aplicação da lei nacional ou se é caso de aplicação da lei estrangeira.

Independentemente das formulações dos diversos autores, em relação à eventual escola teórica a que se filiam, compreendemos uma particularidade física nas normas de DIPr, o que facilita o reconhecimento e função, das mesmas: normas unilaterais, não passíveis de justaposição e passíveis de justaposição e normas bilaterais, perfeitas/completas e imperfeitas/incompletas.

VI.1. Normas unilaterais

São aquelas que se referem apenas a aplicação do Direito interno, sem qualquer preocupação com o Direito estrangeiro. Possuem caráter imperativo em sua estrutura, determinam a aplicação da *lex fori*, o Direito nacional.

VI.1.1. Normas unilaterais não passíveis de justaposição

Apresentam na sua estrutura um elemento de exclusão do Direito estrangeiro, posicionando-se, sem qualquer discussão, ao território nacional, à sua soberania, a exemplo do art. 17, da LINDB: "*As leis, atos e sentenças de outro país, bem como quaisquer declarações de vontade, não terão eficácia no Brasil, quando ofenderem a soberania nacional, a ordem pública e os bons costumes.*" Tal dispositivo é imperativo, e qualquer dúvida sobre a aplicação no Brasil, de lei de outro país, ato ou declaração de vontade, praticado alhures, ficará, em tese, fácil de ser resolvida, porque não incidirão, se contrariarem a soberania nacional, a ordem pública brasileira e os bons costumes. Claro que, há de ser feito um raciocínio sobre como se apresenta a soberania nacional em determinada questão, sobre o que é da ordem pública interna e que não poderá ser afastado e o que seja bons costumes, o que dá ao intérprete uma margem – que deve ser bem fundamentada – de interpretação e aplicação.

VI.1.2. Normas unilaterais passíveis de justaposição

Tal classificação é pensada, em relação à comunicabilidade da norma; a situação atingida por sua mensagem. Transforma-se duas normas unilaterais, ante a interpretação, em uma norma bilateral (justaposição)

São normas que têm na sua estrutura um elemento de conexão de alcance limitado. O elemento de conexão é direcionado para aplicar um só e determinado Direito. Weberbauer, que fez um estudo completo da estrutura das normas de DIPr, ensina que no Direito vigente no Brasil não existe esse fenômeno: "*No Direito Internacional Privado Brasileiro não existe esse fenômeno da justaposição de normas unilaterais...(...)*, e destaca dois exemplos da técnica legislativa, vindas do esboço do Código Civil de Teixeira de Freitas:

"Art. 26. A capacidade ou incapacidade (art. 25), quanto a pessoa domiciliada em qualquer seção do território do Brasil, ou sejam nacionais ou estrangeiros, serão julgadas pelas leis desse Código, ainda que se trate de atos praticados em país estrangeiro, ou de bens existentes em país estrangeiro" e " Art. 27. A capacidade ou incapacidade (art. 25), quanto as pessoas domiciliadas fora do Brasil, ou sejam estrangeiras ou nacionais, serão julgadas pelas leis do seu respectivo domicílio, ainda que se trate de atos praticados no Império, ou de bens existentes no Império." E explica, que se trata de normas unilaterais e ambas *têm o elemento de conexão domicílio parametrizado na ideia de estar ou não no território brasileiro. Ao justapor ambos os dispositivos, temos a interpretação de que a lei aplicável relativa à capacidade/incapacidade para nacionais/estrangeiros em razão de atos praticados no Brasil/estrangeiro será regida pelo domicílio da pessoa. Se for no Brasil, será o direito brasileiro, se domiciliada no exterior, o direito de onde está domiciliada – hoje consagrada no art. 7º. da LINDB."*[(28)]

Apesar de não termos este exemplo de normas, a lição deve ficar especificada, porque tais espécies de normas podem vir a aparecer. De qualquer modo, o legislador atual foi mais feliz, ao estabelecer algo mais simples e direto, como o art. 7º. da LINDB mencionado: " *A lei do país em que domiciliada a pessoa determina as regras sobre o começo e o fim da personalidade, o nome, a capacidade e os direitos de família."*

VI.2. Normas bilaterais

Aquelas que possuem um elemento de conexão capaz de apontar o melhor sistema legislativo, a exemplo do art. 9º. Da Lei de Introdução: *"Para qualificar e reger as obrigações aplicar-se-á a lei do país em que se constituírem"* Diz Weber-

(28) WEBERBAUER, Paul Hugo. *Comentários sobre o direito internacional privado brasileiro.* São Paulo: Del Rey, 2022. p.55.

bauer: *"Elas são a manifestação deontológica por excelência da diversidade legislativa e a razão de ser do Direito Internacional Privado como ramo jurídico autônomo. Apontamos como duas de suas principais características: (i) a existência de um elemento de conexão (territorial, pessoal ou volitivo); e (ii) a possibilidade de fazer incidir o direito nacional ou estrangeiro sem distinções...(...). Uma norma bilateral é completa quando sua estrutura bilateral não possui qualquer limitação ou ressalva na determinação do direito nacional ou estrangeiro aplicável ao fato extranacional. Por sua vez, a norma bilateral é incompleta quando sua estrutura bilateral possui delimitação ou ressalva na determinação do direito nacional ou estrangeiro aplicável ao fato extranacional"*[29] E exemplifica com o art. 9º. § 1º, da LINDB *"Destinando-se a obrigação a ser executada no Brasil e dependendo de forma essencial, será esta observada, admitidas as peculiaridades da lei estrangeira quanto aos requisitos extrínsecos do ato."*

---

(29) WEBERBAUER, Paul Hugo. *Comentários sobre o direito internacional privado brasileiro.* São Paulo: Del Rey, 2022. p.56.

Capítulo VII

Qualificação e Elementos de conexão

VII.1. Qualificação

Antes de entrarmos nos elementos de conexão, apenas uma breve noção de qualificação, que está atrelada ao bom enquadramento exigido pelo elemento de conexão.

Qualificar é conceituar e classificar, enquadrando de forma correta uma determinada situação da vida em uma determinada estrutura jurídica, nacional ou estrangeira. O intérprete deve, ao tomar conhecimento do fato transnacional, submetê-lo à categoria jurídica adequada.

Por exemplo, no que se refere à capacidade para o casamento há de se verificar o domicílio e dentro deste, as formalidades necessárias e os impedimentos, de acordo com a lei brasileira, se o domicílio for no Brasil, ou com a lei estrangeira, se o domicílio for em outro país. Em outro caso, também a guisa de exemplo, se o bem a ser analisado está na categoria de "bem móvel", a lei a ser aplicada será a da situação da coisa (*lex rei sitae*).

Na discussão doutrinária, se a qualificação deve ser feita com base na lei do foro (*lex fori*) ou de outra lei, ficamos com a *lex fori*. Deve-se buscar o enquadramento, segundo as regras do foro, em que está o domiciliado. As normas de

DIPr são indiretas, indicam o sistema jurídico, onde deve ser encontrada a resposta.

VII.2. Elementos de conexão

O elemento de conexão é aquele, que encontrado nas normas de Direito Internacional Privado, pois fazem parte de sua essência, indicam o direito a ser aplicado, o nacional ou o estrangeiro. A norma colisional (colisão de normas) deve ter em seu conteúdo o instrumento (figura, palavra) capaz de apontar a ordem jurídica que deve prevalecer no caso concreto.

O apontamento do direito aplicável pode ser direto e nominativo ou indireto, mediante descrição de características genéricas, que se individualizam em cada caso concreto.

Gostamos da ideia passada na doutrina de que toda regra jurídica tem dois elementos: hipótese e dispositivo.

Hipótese é a parte que compreende os fatos ou as situações e a dispositiva é a parte da regra que determina as consequências.

Stranger explica melhor: "*Podemos concluir que as normas de direito são sempre hipotéticas – no sentido de que estabelecem uma finalidade, um fim. Por exemplo: o Código Civil diz que não se podem casar as pessoas casadas. Qual a hipótese? É o fato de a pessoa ser casada. A disposição é a consequência da hipótese, ou seja, se é casado, não pode casar-se. Toda norma, portanto, é um juízo hipotético: se isto é assim, acontece aquilo...(...) entre as regras de direito comum e as de direito internacional privado, quanto aos elementos estruturais acima vistos, há alguma diferença. Assim, no direito comum, o legislador procura, normalmente dar uma solução a cada caso concreto. Por exemplo, se tomarmos o direito de família, veremos quais as soluções para os problemas oriundos do instituto do casamento - O regime de bens, impedimentos, anulação etc. Transportando para o direito internacional privado, assume característica diversa: não é o sentido de estabelecer regra de direito substancial, mas regra que vai dizer o direito a ser aplicado. Por isso, a regra de direito internacional privado é diferente da do direito comum. Constitui-se de conceito jurídico genérico, sucinto."*(30)

Antes de entrarmos nos elementos de conexão, apenas uma breve noção de qualificação, que está atrelada ao bom enquadramento exigido pelo elemento de conexão.

Facilita termos em mente algumas expressões latinas, para entender, de início, o que chamamos de elementos de conexão, porque o raciocínio com tais expressões ajudam a aplicação e são muito utilizadas, fazendo parte do instrumental dos que lidam com esta matéria. Vamos a algumas expressões - como elementos de conexão - e, concomitantemente, faremos a análise desses principais elementos, incluindo alguns casos específicos, como a *dépèçage*, a *prélèvement*, navios e aeronaves, e em especial o caso do reenvio:

VII.2.1. Lex domicilii/*domicílio* – Lex patriae/*nacionalidade*

Este é o principal elemento de conexão, adotado no Brasil. Aplica-se ao conflito as normas do domicílio de uma das partes, visto como a sede jurídica do indivíduo, no que concerne, sob o começo e fim da personalidade, o direito do nome, a capacidade jurídica e direitos de família.

O artigo principal em DIPr, na LINDB, é o já transcrito linhas atrás, que vale a pena novamente transcrever: *"Art. 7º. A lei do país em que domiciliada a pessoa determina*

---

(30) STRANGER, Irineu. *Direito internacional privado*. 6. ed. São Paulo: LTr, 2005. p. 335.

as regras sobre o começo e o fim da personalidade, o nome, a capacidade e os direitos de família."

Daí decorrem outros eventos da vida civil: capacidade para casar (art. 7º., § 1º.), casos de invalidade do casamento (art. 7º. § 3º.), regime de bens do casamento (art. 7º. § 4º.), domicílio do proprietário quanto aos bens móveis (art. 8º. § 1º.), sucessão por morte ou ausência, lei do país em que era domiciliado o defunto (art.10), capacidade de suceder (art. 10, § 2º.). Todos da LINDB.

Está embutido no conceito do artigo 7º., os atributos e as aptidões da pessoa física (personalidade, estado e capacidade).

Nos atributos temos as "questões de estado", que impõe direitos e deveres (nome, sobrenome, idade, sexo, profissão, nacionalidade para alguns efeitos e estado civil).

A capacidade é a aptidão da pessoa física para adquirir direitos e cumprir obrigações (capacidade de gozo e capacidade de exercício).

O conceito de domicílio pode variar de país para país, e quando se aponta ser este o elemento de conexão, para determinado caso, é necessário consultar a legislação aplicável. No Brasil a lei interna civil fixa esse conceito: "*Art. 70. O domicílio da pessoa natural é o lugar onde ela estabelece a sua residência com ânimo definitivo.*"; "*Art. 71. Se, porém, a pessoa natural tiver diversas residências, onde, alternadamente, viva, considerar-se-á domicílio seu qualquer delas.*". O domicílio profissional, onde a profissão é exercida (art. 72), quem não tiver residência habitual, seu domicílio será onde a pessoa for encontrada (art. 73) e assim por diante. Quanto às pessoas jurídicas, o domicílio, e suas especificações, vem regrado nos artigos 75 e parágrafos.

Quanto ao domicílio da pessoa jurídica, observa-se a localização geográfico-espacial, pelo critério da centralização de suas atividades, que significa a sede dessa pessoa. Não se pode esquecer, as concepções de sede estatutária (local apontado pelo seu ato constitutivo); a sede social (local onde exerce a maior parte de suas atividades); e, a sede efetiva (onde se encontram os seus bens). O Código Civil especifica essa questão. Diversas teorias buscam interpretar melhor, e a que tem ganhado corpo é a Teoria da Incorporação, que prioriza a lei do lugar da constituição da pessoa jurídica, devendo a sede estatutária coincidir com a sede efetiva. A maioria das Convenções internacionais adotam a Teoria da Incorporação (Haia – 1956); Convenções Europeias (1968). Na América Latina temos a Convenção Interamericana sobre Conflito de Leis em Matéria de Sociedade Mercantil (1979), a Convenção sobre Personalidade e Capacidade da Pessoa Jurídica de Direito internacional Privado (1984). Há, ainda, sem muita repercussão, a Teoria do Controle, que leva em consideração, a personalidade das pessoas físicas e composição das pessoas jurídicas.

Questão correlata vem proposta em relação à nacionalidade. Alguns países a adotam como conexão, também chamada *lex patriae*. Nós adotamos o domicílio. Todavia há exceções, como a do art. 18, da LINDB: "*Tratando-se de brasileiros, são competentes as autoridades consulares brasileiras para lhes celebrar o casamento e os mais atos do Registro Civil e de tabelionato, inclusive o registro do nascimento e de óbito dos filhos de brasileiro ou brasileira nascido no país do Consulado.*", bem como o art. 7º., § 2º. Que se refere a casamento de estrangeiros.

VII.2.2. Lex rei sitae/*situação da coisa*/Mobilia sequuntur personam/*bens móveis seguem a pessoa*

O Objeto é o regime dos bens, móveis e imóveis, de situação permanente. Princípio da territorialidade.

> *"Art. 8º. Para qualificar os bens e regular as relações a eles concernentes, aplicar-se-á a lei do país em que estiverem situados."* (LINDB)

Embora a ampla discussão sobre o que é "bem", posto que a doutrina civilista se tendencia a enxergar apenas como "coisa" ou direito real, entendemos que "bem" não se limita aos objetos materiais de valor patrimonial e a coisas corpóreas, envolve também a propriedade intelectual e objetos incorpóreos (*software*, direitos do autor etc.).

Assim, nas questões de conflito, interessa ao DIPr os bens particulares e não os públicos; *"Art. 98. São públicos os bens do domínio nacional pertencentes às pessoas jurídicas de domínio público interno; todos os outros são particulares, seja qual for a pessoa a que pertençam. (C.C.)"*

Outra classificação é a que separa os bens em móveis, imóveis e de natureza especial. Móvel, quando for capaz de deslocação, incluindo os semoventes, que podem se deslocar por conta própria. E há aqueles que são considerados móveis por imposição legal. *"Art. 83. Consideram-se móveis para os efeitos legais: I – as energias que tenham valor econômico; II – os direitos reais sobre objetos móveis e ações correspondentes; III – os direitos pessoais de caráter patrimonial e respectivas ações. Art. 84. Os materiais destinados a alguma construção, enquanto não forem empregados, conservam sua qualidade de móveis, readquirem essa qualidade os provenientes da demolição de algum prédio."* E, há também, os que apesar de móveis, por sua natureza, são considerados por lei, imóveis. *"Art. 80. Consideram-se imóveis para os efeitos legais: I – os direitos reais sobre imóveis e as ações que os asseguram; II – o direito à sucessão aberta. Art. 81. Não perdem o caráter de imóveis: I – as edificações que, separadas do solo, mas conservando a sua unidade, forem removidas para outro local: II – os materiais provisoriamente separados de um prédio, para nele se reempregarem. (C.C.)"*

Importante, também, para o DIPr, os parágrafos do art. 8º.: "§ 1º. Aplicar-se-á a lei do país em que for domiciliado o proprietário, quanto aos bens móveis que ele trouxer ou se destinarem a transporte para outros lugares"; " § 2º. O penhor regula-se pela lei do domicílio que tiver a pessoa, em cuja posse se encontre a coisa apenhada." (LINDB).

Como se verifica, nas questões de estraneidade, em que há bens, aplica-se o estatuto da pessoa (*lex domicilii*), quando há, portanto, a *res in transitu*, apesar da lei do local em que se situa o bem. Regulação de situações específicas (bens que a pessoa traz e transporta). Entretanto, situações indesejáveis podem ser criadas, quando a mudança de domicílio ocorre ou quando há multiplicidade de domicílios.

No que concerne ao penhor (§ 2º.) não é somente o domicílio, em si, mas a situação da coisa, como afirma Weberbauer: *"Na redação do art. 8º. § 2º., da LINDB, o legislador adotou o critério da efetividade da coisa, permitindo que o direito aplicável não seja tão somente do domicílio do credor do penhor, o qual, em tese, seria o possuidor do bem, mas também o direito da pessoa que efetivamente está com a coisa no momento do penhor – ´perfeitamente admissível que o móvel entregue em penhor permaneça fora do domicílio do proprietário e fora do domicílio do possuidor.`"*(31) Tal interpretação parece melhor se prevalecer. Valladão faz a crítica: *"Foi na descontrolada paixão da L.I. (H.Valladão, Reeueil, 81/82) pela lei domiciliar, uma verdadeira desnaturação em cascata da ideia savignyana, chegando à amplitude desse § 2º. , significando*

(31) WEBERBAUER, Paul Hugo. *Comentários sobre o direito internacional privado brasileiro.* São Paulo: Del Rey, 2022. p. 219.

que uma coisa móvel, dada em penhor, pode estar situada permanentemente no Brasil, mas será regida pela lei estrangeira do domicílio da pessoa que tenha a posse da mesma coisa, habitualmente, – o que é mais grave – do domicílio do credor pignoratício. Assim uma pessoa situada na França, que está no Brasil, de passagem ou aqui residindo, p. ex., e um turista, um bolsista etc., se receber em penhor no Brasil um relógio ou outra coisa móvel, aqui situada, tal coisa será regida pela lei francesa (!)"

Volta a Lei de Introdução à *lex domicilii* no *"Art. 10. A sucessão por morte ou por ausência obedece a lei do país em que era domiciliado o defunto ou o desaparecido, qualquer que seja a natureza ou a situação dos bens."* (LINDB). Há, no entanto, decisão diversa do Superior Tribunal de Justiça, ao dizer que nestes casos, quando o domicílio do autor da herança é no Brasil, para a situação da coisa, aplicar-se-ia a lei estrangeira. (Informativo n. 563. Brasília, DF, 29 de maio a 14 de junho de 2015. Proc. REsp 1.362.400-SP).

Por fim, os bens móveis, não permanentes, seguem a pessoa, isto é, para estes bens, que a pessoa leva consigo (viajantes, pessoas em trânsito), os bens que ela carrega seguem a lei do domicílio (*Lex domicilii*), e não a *Lex rei sitae* (art. 8º., § 1º. da LINDB).

VII.2.3. Lex loci delicti comissi/*lugar do ilícito cometido*

Aplicável a norma do lugar onde o ato ilícito for cometido. Trata-se de obrigação extracontratual, induzindo uma responsabilidade civil pela prática do ato ilícito.

VII.2.4 Lex loci executionis/*norma do local da execução*

É alto explicativa. Alguma confusão deu na interpretação dos contratos de trabalho, pois a Súmula n. 207, do TST, dizia de forma expressa que a relação jurídica trabalhista era regida pelo país da prestação de serviço e não pela do local da contratação. A Lei n. 7.064/82, que regula a situação dos trabalhadores contratados no Brasil e enviados para prestar serviços no exterior, deixa clara a execução no local da execução dos serviços, salvo se mais favorável a lei brasileira. O art. 198, do Código de Bustamante Convenção de Havana, de 1928, já estipulava: "*Também é territorial a legislação sobre acidentes do trabalho e proteção social do trabalhador*". Embora revogada a súmula supratranscrita, tem-se que a interpretação é realmente a dada pela Súmula n. 207. Não custa acrescentar o art. 12 da LINDB: "*É competente a autoridade judiciária brasileira, quando for o réu domiciliado no Brasil ou aqui tiver de ser cumprida a obrigação.*" Ver artigos 21 a 25, do Código de Processo Civil, que determinam a competência da autoridade judiciária brasileira, em especial o art. 25, e incisos I a III, que especificam o domicílio do réu no Brasil, aqui em nosso território deva ser cumprida a obrigação e fato ou ato praticado no Brasil. Obrigação que deva ser cumprida no exterior segue a lei do local da execução.

VII 2.5. Locus regit actum/*lugar da constituição da obrigação e* lex voluntatis/*autonomia da vontade*

"Vicente Rao em sua obra clássica sobre os atos jurídicos aponta a vontade em todos os seus prismas como constituindo matéria básica da teoria do direito e da realidade jurídica. Segundo as próprias palavras do emérito jurisconsulto ´a vontade, manifestada ou declarada, possui no universo jurídico poderosa força criadora: é a vontade que, através de fatos disciplinados pela norma, determina a atividade jurídica das pessoas e, em particular, o nascimento, a aquisição, o exercício, a modificação ou a extinção dos direitos e

correspondentes obrigações, acompanhando todos os momentos e todas as vicissitudes destas e daquelas.`"[(32)]

Strenger, na mesma obra, descreve várias manifestações da vontade, como as descritas por Aftalion, Garcia Olano e Vilanova: *"1ª.) A situação em que se encontra uma pessoa que pode, por meio de uma manifestação da vontade, exigir de outra o cumprimento de seu dever e obter a execução de uma sanção pelo órgão estatal contra o infrator, por meio de outra manifestação da vontade dirigida nesse sentido. 2º.) O poder de criar, modificar ou extinguir direitos e obrigações pela manifestação da vontade dos particulares. É o caso dos contratos e dos testamentos, regidos pelo conhecido princípio da autonomia da vontade. 3º.) Os direitos da liberdade. Aparecem como mero reverso de um dever jurídico imposto a todos os demais. Por exemplo, os direitos à vida, à integridade corporal, à livre locomoção etc., que não requerem uma expressa manifestação do titular para que os demais se encontrem na obrigação de respeitá-los."*[(33)]

Como se vê, a vontade e o seu pleno exercício, são a mola propulsora do Direito. A criação do Estado, por meio de uma revolução, p. ex., a criação de empresas, a criação de regras para viver em sociedade, tudo, absolutamente tudo tem na vontade o seu momento inicial e máximo, individual ou coletiva. Sem o exercício da vontade, concretizado e normatizado no interesse social, não há direito.

Nesse ponto, na vontade é o átomo do que chamamos ordenamento jurídico, que é, de início, imposto pelo Estado, cuja manifestação de a soberania, também deriva de atos de vontade. O direito do indivíduo, de importância fundamental, deve estar conformado dentro da vontade geral, não

---

(32) STRANGER, Irineu. *Autonomia da vontade em direito internacional privado.* São Paulo: Revista dos Tribunais, 1968. p. 41.
(33) *Ibidem*, p. 43.

de um simples grupo ou coletividade, que, eventualmente pode derivar para ações conjuntas contrárias ao que foi estabelecido validamente pela grande maioria. O bandido que manifesta a sua vontade se unindo a grupo de bandidos que assaltam e matam, não exerce a autonomia da vontade, individual e coletivamente, na perspectiva do Direito, portanto, fica à margem social, e sua vontade deve ser coibida para benefício de todos. Assim, embora a autonomia da vontade seja consagrada pelo Direito, nem toda vontade manifestada, está com ele de acordo. Por isso, a existência de regras, senão viveríamos – ou tentaríamos viver – em um mundo anárquico, que de algum modo acabaria sobrevivendo por meio de uma vontade do mais forte, o que não é equilibrado, não é justo, e não condiz com o Direito.

A primeira expressão, também conhecida como *Lex Loci contractus*, diz que se aplica a um conflito de leis no espaço a norma do lugar da obrigação. É regra geral. "*Art. 9º. Para qualificar e reger as obrigações, aplicar-se-á a lei do país em que se constituírem.*" E seu "§ 2º. *A obrigação resultante do contrato reputa-se constituída no lugar em que residir o proponente.*" Princípio da territorialidade.

As principais fontes das obrigações são o negócio jurídico, isto é, as declarações de vontade destinadas a produzir efeitos jurídicos, e a lei.

Com a regra do artigo 9º. a autonomia da vontade (*Lex voluntatis*) fica em segundo plano. A autonomia da vontade indica a possibilidade de que as próprias partes escolham o Direito aplicável a uma relação privada em conexão extranacional, podendo, por exemplo, determinar-se uma lei estrangeira em derrogação às normas do Estado. Pode ser admitida ou não pela *lex fori* ou pelos tratados.

Apesar da regra geral contrária, a autonomia da vontade aparece em alguns contratos internacionais, feitos por empresas brasileiras. A Lei n. 9.307/96 (Lei de Arbitragem) admite que as partes possam escolher as normas aplicáveis ao processo arbitral (art. 2º. § 1º.) Também o artigo 7º., § 5º. da LINDB permite ao estrangeiro casado, que se naturalizou brasileiro possa optar por outro regime de bens em seu casamento, o que importa em uma escolha.

Na verdade, o art. 9º. ao impor uma camisa de força às relações obrigacionais, em conexão, não possibilita a riqueza de multiplicidade dessas relações, com efetivo ganho social, obrigando o julgador e o árbitro, p.ex., a uma verdadeira ginástica mental para acomodar situações plenamente possíveis. A par disso, a redação do § 1º. do dispositivo é sofrível: "*Destinando-se a obrigação a ser executada no Brasil e dependendo de forma essencial, será esta observada admitida as peculiaridades da lei estrangeira quanto aos requisitos extrínsecos do ato.*" Há de se inquirir o significado de "forma essencial" e de "requisitos extrínsecos do ato", o que permite vários raciocínios, dentre eles o de que forma essencial – genericamente posta – é a que se não cumprida não dará existência ao ato, e os requisitos extrínsecos, podem se referir à capacidade, a idoneidade do objeto e a legitimidade do interesse da parte, como ensina Werberbauer, e em relação à polêmica de um ato que deve ter escritura pública formalizada no Brasil, mas celebrado no exterior: "*A primeira interpretação doutrinária tem como expoente Amilcar de Castro, para quem ´deve o contrato ser feito por escritura pública, de acordo com a exigência do direito brasileiro, mas os requisitos extrínsecos (forma) devem obedecer as peculiaridades euremáticas do país onde a escritura foi lavrada.*" [34]

---

(34) WEBERBAUER, Paul Hugo. *Comentários sobre o direito internacional privado brasileiro.* São Paulo: Del Rey, 2022. p. 370/371.

O referido estudioso, ainda fala em outra interpretação, que leva em conta a questão obrigacional e a questão real. As peculiaridades da lei estrangeira se referem à questão obrigacional, já a forma essencial ao direito real.

A autonomia da vontade e a lei do lugar da contratação continuam a causar dissenções interpretativas, contudo o CPC amplia a interpretação: "*Art. 22. Compete, ainda, a autoridade judiciária brasileira processar e julgar as ações: III – em que as partes, expressa ou tacitamente, se submetem à jurisdição nacional.*"; "*Art. 25. Não compete à autoridade judiciária o processamento e o julgamento da ação quando houver cláusula de eleição de foro exclusivo estrangeiro em contrato internacional, arguida pelo réu em contestação.*" "*§ 1º. Não se aplica o disposto no caput às hipóteses de competência internacional exclusiva prevista neste capítulo.*". Também o artigo 63 e seus parágrafos permite às partes modificar a competência em razão do valor e do território. Fica, pois, aberta a possibilidade da *lex voluntatis* em várias condições.

VII.2.6. Outras considerações quanto a norma aplicável

VII.2.6.1. Navios e aeronaves

São bens móveis especiais. A lei a ser usada é a do local da bandeira. Aplicável a Convenção sobre Direito do Mar (Convenção de Montego Bay, 1982), observando que o navio deve realizar o registro em que tenha vínculo substancial. Isso significa dizer, que não são aceitas para a solução dos conflitos, as bandeiras de conveniência, aquelas que não dizem respeito ao verdadeiro local de registro, e que levam a erro o julgamento, porque com a bandeira de conveniência, em princípio, busca-se aplicar a legislação daquela bandeira.

A Lei n. 9.432/97 (dispõe sobre a ordenação do transporte aquaviário e dá outras providências) estabelece os critérios para a atribuição da nacionalidade brasileira a embarcações: "*Art. 3º. Terão o direito de arvorar a bandeira brasileira as embarcações: I – inscritas no registro de Propriedade Marítima, de propriedade de pessoa física residente e domiciliada no País ou de empresa brasileira; II – sob contrato de afretamento a casco nu*[35]*, por empresa brasileira de navegação, condicionado à suspensão provisória de bandeira no País de origem. Art. 4º. Nas embarcações de bandeira brasileira serão necessariamente brasileiros o comandante, o chefe de máquinas e dois terços da tripulação.*"

Em relação às aeronaves, o regramento está no Código Brasileiro do Ar (Lei n. 7.565/86), atua como lei especial em relação à LINDB.

Algumas especificações são necessárias:

Navios:

Não se confundem navios com embarcações, embora a lei brasileira não faça nenhuma distinção. A rigor, existem diferenças. Embarcações são variadas (Alvarenga, caiaque, balsa, barcaça, cisterna, escuna, graneleiro, iate, jangada, lancha, rebocador, saveiro, veleiro e outros).

Os navios se dividem em marinha de guerra e marinha mercante. Os de marinha de guerra ficam adstritos ao regime militar e ao Comando Geral da Marinha. A Marinha Mercante refere-se a navios civis-comerciais, que se ativam

(35) Afretamento é a contratação de navio realizada diretamente com o armador, normalmente para transporte de carga exclusiva, que não encontra em navios de linha regular espaço suficiente, ou frete desejado. O afretamento de casco nu, também conhecido como "bareboat" ou "demise charte party", é o contrato em virtude do qual o afretador tem a posse, o uso e o controle da embarcação, por tempo determinado, incluindo o direito de escolher o comandante e a tripulação do navio.

no comércio marítimo, independentemente de serem de propriedade privada ou estatal.

Para o DIPr, importante três aspectos: o local de um ato (território), o bem e o meio de transporte. Os navios se associam a ideia de território do Estado, para determinados eventos.

Em relação ao transporte e "território" do navio, um ato que acontece no seu interior, deve ser analisado, a partir do local onde se encontra o navio: se na zona territorial do Estado (Mar territorial), o direito aplicável é o do território do Estado (*locus regit actum*); se navegava por zona internacional, o direito aplicável é o da bandeira.; quando o navio apenas atravessa o Mar territorial de outro país (direito de passagem – direito de passagem inocente), haverá mitigação do poder jurisdicional do Estado costeiro; se o problema acontecido é na esfera penal, a jurisdição penal do Estado não será exercida a bordo do navio estrangeiro (art. 27, da Convenção de Montego Bay), salvo se a infração criminal tiver consequências para o Estado costeiro (letra a); se a infração criminal for de tal natureza que possa perturbar a paz do país ou a ordem do mar territorial (letra b); se a assistência das autoridades locais tiver sido solicitada pelo capitão do navio ou pelo representante diplomático ou funcionário consular do Estado (letra c); ou se essas medidas forem necessárias para a repressão do tráfico ilícito de estupefacientes ou substâncias psicóticas (letra d).

No que tange à jurisdição civil, o Estado costeiro não pode exercê-la no navio que passa pelo mar territorial, nem tomar medidas executórias ou cautelares, salvo se por força de obrigações assumidas pelo navio ou responsabilidade que o mesmo haja incorporado (art. 28, da Convenção de Montego Bay).

Resta dizer que o navio é um bem (coisa) de natureza especial, móveis e três aspectos os distingue para a nossa matéria: a *res conexa* (são um todo indistinto, composto de diversas partes e de diversos acessórios). A nacionalidade do navio (bandeira ou pavilhão que deve ser sempre ostentada de forma visível na popa – marca de exteriorização da nacionalidade), mas a nacionalidade está atrelada ao seu registro (daí a bandeira deve retratar corretamente o registro) e o seu nome são importantes.

Pode haver problemas com a propriedade e garantia real (hipoteca marinha), que serão regidos pela lei da bandeira do navio, não existindo espaço para qualquer outro Direito aplicável.

As obrigações decorrentes do transporte, também têm vasta aplicação, abrangendo:

- contratos marítimos (indústria *shiping*) – são contratos internacionais do comércio, aplicável à *Lex mercatória*; os *incoterms* (regras internacionais de exportação e importação).
- os fatos da navegação – são acidentes marítimos (sinistros marítimos), acontecimentos que geram prejuízo ou atrapalham a navegação (a arribada, a emboscada, a presa, o naufrágio, a borrasca, o abalroamento, a colisão, o alijamento). Aplicáveis regras internas e internacionais existentes, a Lei n. 7.542, de 26 de setembro de 1996, a Lei n. 7.273/1984 (socorro e salvamento), o Código de Bustamente (Convenção de Havana, 1928) os seguros marítimos, a atividade portuária e os próprios marítimos. A segurança da navegação está sujeita à Lei do pavilhão e convenções internacionais já mencionadas.

Aeronaves:

O Direito aeronáutico tem natureza internacional, buscando superar as soberanias, para bem desenvolver-se (Convenção de Paris, 1919; Convenção de Chicago, de 1944). A Organização da Aviação Civil Internacional - OACI ou ICAO), que são normas de Direito Internacional Público, havendo interação com as normas de Direito Interno e de DIPr.

Aeronaves públicas, militares ou não, não estão na esfera do DIPr, pois são bens públicos.

Aeronave: "Art. 106, do Código Brasileiro do Ar: Considera-se aeronave aparelho manobrável em voo, que possa sustentar-se e circular no espaço aéreo, mediante reações aerodinâmicas, apto a transportar pessoas e coisas." "Parágrafo único. A aeronave é bem móvel registrável para o efeito de nacionalidade, matrícula, aeronavegabilidade (arts. 72, I, 109 e 114), transferência por ato entre vivos (art. 72, II e 115, IV), constituição de hipoteca (arts. 72, II e 138), publicidade (artigos 72, III e 117) e cadastramento geral (art. 72, V)."

Há diferentes engenhos que voam, mas não distintos na legislação (aviões, helicópteros, balões, dirigíveis, ultraleves, drones). Há na legislação diretrizes gerais (como as regras administrativas da ANAC).

Também as aeronaves representam uma certa extensão territorial, quando se vislumbra um acontecimento ocorrido em bordo.

A configuração do espaço aéreo é necessária (Direito Internacional Público); território jurídico do Estado soberano (terras, propriamente ditas, território marítimo, espaço aéreo correspondente).

Os atos praticados a bordo de aeronaves públicas-militares são regidos pela lei da nacionalidade da aeronave (registro). As aeronaves civis, não são bens públicos e não são de propriedade do Estado, e assim resolvem-se em dois sentidos: é necessário saber onde a aeronave se encontrava no momento do fato ou do ato; se em espaço aéreo brasileiro, aplicável a lei brasileira; se a aeronave estava em espaço internacional ou espaço aéreo estrangeiro, três hipótese: a) ato não se originou no Brasil, nem teve efeitos no Brasil, aplica-se a lei da nacionalidade da aeronave; se o ato se originou no Brasil, mas não teve efeitos no Brasil, o Direito brasileiro rege o ato e o Direito estrangeiro, quanto aos efeitos; se o ato não se originou no Brasil e teve efeitos no Brasil, regido quanto a estes pelo Direito brasileiro (art. 4º. Do Código Aeronautico).

VII.2.6.2. *Dépeçage*

É o desmembramento da relação jurídica em diferentes questões jurídicas, que estão nelas embutidas. Tal pode acontecer em várias relações jurídicas mais complexas, como, em alguns contratos comerciais, em prestações de serviços em navios (contratação em lugar/descontratação em outro/nova contratação). Incidiriam diversos direitos nacionais numa mesma relação jurídica. É uma técnica de interpretação para resolver eventuais problemas, nesse sentido, uma vez que há multiplicidade de direitos, e todos devem ser aplicados. Assim, decompõe-se o contrato em vários elementos para aplicar a cada uma de suas partes a lei pertinente.

VII.2.6.3. *Prélèvement*

É um critério hermenêutico, que considera a aplicação da norma colisional é mitigada pela existência de uma previsão legal específica para aquela determinada situação, aplicando o direito mais favorável. Introduz-se a noção de direito comparado, em algumas situações. É uma interpretação hermenêutica da lei do direito mais favorável, motivo pelo qual o julgador deve ter cautela, para não contrariar todo sistema. Leva-se em conta na conexão escolhida um critério de equidade, em vista dos sistemas jurídicos envolvidos, buscando harmonia entre as legislações para atingir o objetivo de maior equilíbrio e justiça. Diante dos direitos fundamentais previstos em nossa Constituição Federal, o uso desse instrumento interpretativo, vai ao encontro da concretização do ordenamento jurídico e atende ao objetivo de harmonizar as consequências em uma determinada situação de extraneidade. Não é para uso simples e comum, porque depende de conhecimento e análise das legislações aplicáveis a um caso específico.

VII.2.6.4. Reenvio

É o retorno ou devolução, quando se observa a aplicação das regras do DIPr brasileiro e do DIPr da ordem jurídica externa, (como já explicado alhures), resultando no eventual retorno da consequência que fora determinado pela legislação nacional, isto é, o ordenamento estrangeiro pelo seu sistema de DIPr, não quer regular o fato transnacional, devolvendo a temática ao Estado do foro, ou mesmo, a um terceiro Estado, o que não condiz com a primeira regra de conexão. É um conflito negativo de sistemas de DIPr, que não resolve a questão de fundo. Exemplifica Carvalho Ramos um caso de reenvio: "*O caso clássico de reenvio é o da divergência entre a lei da nacionalidade e da lei do domicílio para reger a capacidade jurídica de determinada pessoa. Determinado Estado X, adotando da lei do domicílio, analisa a capacidade de seu nacional domiciliado no Estado Y, que adota a lei da nacionalidade. Pelo instituto do reenvio, o Estado X deve consultar, primeiro, o Direito Internacional Privado de Y, que, por adotar a lei da nacionalidade, ordenaria que fosse aplicado o direito material de X (lei da nacionalidade, pois, o indivíduo é apenas domiciliado em Y, tendo a nacionalidade de X)."*[36] É o reenvio de primeiro grau. Se houver uma segunda remissão, DIPr de X aponta a solução que está no DIPr de Y e este indica o Direito de W, haverá um reenvio de segundo grau, e a partir daí, em outras eventuais remissões para outros Estados, teremos reenvios de terceiro e quartos graus (círculo vicioso). O aplicador da norma ao verificar o elemento de estraneidade, busca encontrar o elemento de conexão, e ao fazê-lo, com base neste elemento, encontra a solução no Direito material, substantivo da ordem jurídica estrangeira; no entanto, se apontar o Direito Internacional Privado extranacional, poderá incorrer no reenvio. Muitas teorias existem em torno do assunto, e alguns Estados admitem o reenvio, desde que não fira a ordem jurídica do próprio foro.

No conflito negativo de regras de conflito, A.Ferrer Correa, jurista português, vê três possíveis atitudes: " *a) atitude favorável ao reenvio como princípio geral; b) atitude absolutamente condenatória do reenvio; c) atitude condenatória do princípio, mas favorável ao reenvio com um alcance limitado. A primeira atitude é a dos partidários da doutrina da devolução ou do reenvio, doutrina que, em suas diferentes ramificações, arranca da ideia de que a referência da norma de conflito do foro à lei estrangeira tem caráter global (Gesamtverweisung). A segunda é a atitude dos que interpretam toda referência da norma de conflito à lei estrangeira como pura vocação do direito material dessa lei – como pura referência material (Sachnormvereinsung). A terceira é a posição moderna, firmada sobretudo pela doutrina alemã: toma-se como ponto de partida o princípio da referência material; no entanto, reconhecendo-se que o reenvio pode levar em minutos*

(36) *RAMOS, André de Carvalho. Curso de direito internacional privado. 2. ed. São Paulo: Saraiva, 2021.*

casos a resultados justos, adopta-se a ideia, mas tão somente na medida do necessário para se atingirem os resultados."[37]

O DIPr nasceu para assinalar a lei aplicável, às relações plurilocalizadas, tem aspiração à universalidade, tem caráter internacional (apesar de entendermos que o DIPr, é Direito interno), e, portanto, quando a norma de DIPr aponta o Direito estrangeiro, o faz em relação ao Direito substancial, e não à norma de DIPr do outro país.

Embora alguns admitam o reenvio, consideramos não correta a incorrência no reenvio, do ponto de vista do sistema nacional, porque desvirtua a verdadeira função das regras de DIPr. O art.16, da LINDB reza: "*Quando, nos termos dos artigos precedentes, se houver de aplicar a lei estrangeira, ter-se-á em vista a disposição desta, sem considerar-se qualquer remissão por ela feita a outra lei.*".

---

(37) CORREIA, A. Ferrer. *Lições de direito internacional privado I.* São Paulo: Almedina, 2000. p. 268/269.

Capítulo VIII

Aplicação do Direito estrangeiro

Vivemos em um mundo globalizado, é sempre bom lembrar, e a ordem jurídica estrangeira uma vez ou outra se comunica com a ordem jurídica nacional, por intermédio dos fatos e atos que venham ultrapassar as fronteiras do Brasil. A soberania de outro país é reconhecida e a cooperação entre os povos, necessária para a convivência na comunidade internacional, que implementa as relações entre Estados, por intermédio dos costumes e tratados internacionais, que criam organizações por iniciativa dos Estados e entre os particulares que se deslocam no espaço, em viagens turísticas, em empreendimentos comerciais, e buscando, por vezes, estabelecer raízes em outro país, e de lá para cá, fazendo ponte, não se conformando em viver em um único território. O que é natural, física e juridicamente, pois o mundo – a ideia é antiga, mas verdadeira – é uma nave e nós todos dentro dela estamos não importando a raça, a religião, a ideologia dos governos. Há interesses comuns ao ser humano e aos Estados, que devem ser atendidos, tanto para facilitar a vida, como para punir aqueles que cismam em não obedecer, regras básicas de convivência, e isto acontece com as negociações entre os governos, com as iniciativas diplomáticas, com o estabelecimento de instituições internacionais, tudo bem estudado no campo do Direito, dentre outras matérias, pelo Direito Internacional Público. Há interesses individuais, que são atendidos pelos próprios países, que criam regras internas, em todas as áreas e abrem uma porta para a recepção do Direito estrangeiro.

A aplicação do Direito estrangeiro, os limites a essa aplicação, o funcionamento desse mecanismo cada vez mais importante no mundo globalizado, é objeto do Direito Internacional Privado de cada país. A cooperação entre Estados e, por consequência, pelos sistemas jurídicos, que adotam tal cooperação, também são objeto do DIPr.

VIII.1. Natureza jurídica da lei estrangeira/Prova/ Interpretação

É necessário ter em mente, com clareza, o teor do Direito estrangeiro: trata-se de efetivo direito, produzido por outra jurisdição, outro Estado soberano ou apenas fato.

VIII.1.1. Equiparação fática

O Direito estrangeiro é assimilado a um fato, e, portanto, deve ser provado e devidamente, de acordo com as regras do Direito interno do julgador, isto é, do foro. Essa teoria leva em conta o território, como o centro máximo. O Direito só é validamente tido como tal no território do seu próprio Estado. Assim, se considerado fato, cabe ao interessado fazer a prova. Como o juiz nacional não tem obrigação de conhecer as leis de todos os países, a parte deve fazer prova do que alega, e o fato será apreciado dentro dos parâmetros do sistema jurídico da *lex fori*.

VIII.1.2. Reconhecimento jurídico do Direito estrangeiro

Três hipóteses: direito estrangeiro é norma jurídica de outro Estado; ou após admitido pela regra de conexão incorpora-se à norma nacional (teoria da recepção material);

ou, ainda, o direito estrangeiro é incorporado no direito, mas preserva o alcance e o sentido determinado pela ordem jurídica estrangeira (teoria da recepção formal). Se aplicado como norma jurídica de outro Estado, há necessidade de como deva ser interpretado, dentre de uma das três correntes. Poderá ser aplicado de ofício, e em parte. Destarte a parte deveria – essa é outra corrente - invocar o Direito que a interesse, se não o fizer, aplicável a lei do foro.

O art.14, da LINDB diz: *"Não conhecendo a lei estrangeira, poderá o juiz exigir de quem a invoca prova do texto de vigência."*. O Código de Processo Civil em seu art. 376, confirma a opção do legislador: *"A parte que alegar direito municipal, estadual, estrangeiro ou consuetudinário provar-lhe-á o teor e a vigência, se assim o juiz determinar."* André Ramos explica: *"Assim, caso o juiz não conheça o direito estrangeiro, pode determinar a ´quem o invoca`(LINDB) ou ´a parte que alegar` (CPC/2015), o que não impede que (i) a parte espontaneamente produza tal prova ou ainda que (ii) o juiz diligencie nesse sentido. Caso o juiz não exija tal colaboração da parte, é seu dever conhecer do teor, vigência e interpretação do direito estrangeiro. Esses artigos citados (LINDB e do atual CPC) consolidam a opção brasileira pela corrente do reconhecimento jurídico, sendo dever do juiz aplicar o direito estrangeiro de ofício. Além disso, prevê também o Código de Bustamante, em seu art. 408, que os juízes aplicarão as leis dos demais Estados contratantes de ofício."*[(38)] Assevera ainda Carvalho Ramos que a não invocação do direito estrangeiro pela parte é irrelevante, porque cabe ao juiz aplicar o Direito estrangeiro. Neste caso, o juiz brasileiro não há de aplicar a *lex fori*, porque teria o dever de aplicar o Direito alienígena. Maristela Basso, observa, no entanto, algumas possibilidades, quando analisa a "falha na prova do direito estrangeiro": uso da *lex fori*, uma que o DIPr é construído

---

(38) RAMOS, André de Carvalho. *Curso de direito internacional privado*. 2. ed. São Paulo: Saraiva, 2021. p. 324.

na dicotomia *lex fori* x *lex causae*, com a aplicação, pois, da própria lei nacional; imposição do ônus da prova, devendo ser julgada não provada, segundo Machado Vilela, a pretensão baseada no dispositivo da lei estrangeira; conversão do julgamento em diligência; julgar de acordo com direito provável existente (haveria arbítrio do julgador); uso da analogia e princípios gerais de direito, porque a ausência de prova seria equivalente a uma lacuna (art. 4º. da LINDB); e, uso da regra de conexão subsidiária (lei do domicílio não aprovada, utiliza-se a lei da residência).

As indicações de Maristela Basso, nos parece completa e proporciona segurança de solução por algum dos caminhos.

VIII.1.3. A prova do Direito estrangeiro

Quaisquer provas – menos as consideradas ilícitas – são possíveis: documental, pericial, testemunhal, certidão obtida de outro país, por meios afiançáveis para tanto.

Os passos para o reconhecimento são complexos: relação jurídica, com elementos de estraneidade; reconhecimento da existência de ordem jurídica; qualificação da natureza jurídica do direito alienígena aplicado (direito de família, comercial, contratual etc), essa qualificação deve ser feita com base na *lex fori*; apontamento da regra de conexão; e, finalmente, aplicação do direito substancial estrangeiro.

Mais uma vez, fica claro que as normas de DIPr não solucionam o caso, apenas apontam onde encontrar a solução, no Direito nacional ou o Direito estrangeiro. Todavia, as normas de DIPr não indicam as normas de DIPr estrangeiro, e sim, a norma material, porque se assim não fosse, o conflito não seria resolvido, e outro conflito haveria de ser criado, com possibilidade de reenvio (bate e volta);

a lei brasileira indicaria a lei estrangeira, e a lei estrangeira, por intermédio de seu DIPr, indicaria a lei brasileira.

A prova quando feita deve sê-lo de acordo com a lei nacional e o direito alienígena a ser aplicado, de acordo com a concepção do direito do próprio país (teoria da aceitação).

VIII.1.4. Limites à aplicação do Direito estrangeiro

O reconhecimento do ordenamento jurídico de outro Estado, a diversidade de sistemas, a cooperação entre Estados, os valores fundamentais do ser humano, pouco importando o sistema em que vive, nos une, a todos, mas há limites naturais e lógicos de aplicação do direito estrangeiro, a saber: o controle de constitucionalidade; o controle de convencionalidade; a ordem pública, a eventual fraude a lei.

VIII.1.4.1 Controle de constitucionalidade e da Convencionalidade

Estando a norma estrangeira em desacordo com a Constituição Federal, não poderá ser aplicada. Não é apenas a indicação técnica da regra de conexão, mas, também da proteção de valores humanos e fundamentais, expressos na Lei Maior. O DIPr caracteriza-se pelo conjunto de normas de sobredireito, técnicas e instrumentais, e, também, de valores, como toda norma de Direito. A Constituição Federal prevê mecanismos de conservação do sistema, que se submetem ao Judiciário (qualquer juízo) e/ou ação direta de constitucionalidade, de competência para julgamento, do Supremo Tribunal Federal. Por melhor que se mostre a técnica do DIPr, não pode esta contrariar a Constituição Federal.

Entendemos que o controle de constitucionalidade deve ser amplo: há posições no sentido de controle somente da regra de conexão (incidência direta restrita), a do controle do direito estrangeiro (incidência direta intermediária) e o controle do direito estrangeiro em qualquer hipótese de remissão (incidência ampla). Este último, nos parece melhor, porque como define o Ministro Barroso, não há exceção ao princípio da supremacia da Constituição.[39] Normas formalmente constitucionais e materialmente constitucionais, são ambas constitucionais. Não se pode olvidar que a Constituição Federal tem normas fundamentais (escolhidas) de acordo com a amplitude básica de Direitos humanos, a saber:

- a cidadania (art.1º, II);
- a dignidade da pessoa humana (art.1º, III);
- os valores sociais do trabalho e da livre-iniciativa (art.1º, IV);
- o pluralismo político (art.1º, V);
- prevalência dos direitos humanos (art.4º, II);
- autodeterminação dos povos (art.4º, III);
- defesa da paz (art.4º, VI);
- solução pacífica dos conflitos (art.4º, VII);
- repúdio ao terrorismo e ao racismo (art.4º, VIII); e
- concessão de asilo político (art.4º, X).

Todas essas regras, exemplificativamente postas, outras existem, são a base do Direito brasileiro e estão acima do e quaisquer outras. Nenhuma norma nacional ou estrangeiro, de direito técnico ou substancial, pode ter efetividade em

---

(39) BARROSO, Luís Roberto. *Interpretação e aplicação da Constituição*. 7. ed. São Paulo: Saraiva, 2009. p. 52.

um caso concreto, quando em desacordo com os direitos humanos e fundamentais.

O juiz nacional deve aplicar o direito estrangeiro, como se juiz estrangeiro fosse dada a unidade e universalismo do Direito, principalmente em sua base, o que propiciaria o exame da lei estrangeira em face da Constituição estrangeira (controle externo da constitucionalidade). Porém, não se trata de uma prática automática, mas de interpretação possível em casos específicos, como, por exemplo, dar uma decisão no Brasil, que não se confirma no território do outro Estado, em prejuízo do interessado. O aplicador da norma pode muito, mas não pode tudo, ante as amarras de conservação de cada sistema e da cooperação entre os Estados. Por outro lado, não pode deixar de aplicar uma regra que deva ser aplicada, porque o outro Estado não o faria (falta de reciprocidade). Normas fundamentais e de direitos humanos serão sempre obedecidas pelo juiz brasileiro, em favor ou desfavor da parte reivindicante, e neste ponto reside principalmente, também a questão do respeito às convenções internacionais. Na verdade, qualquer tratado, convenção ou acordo internacional deve ser respeitado na criação de uma lei, e/ou na sua aplicação, e mesmo no apontamento de lei estrangeira. Recordamos o art 5º. §§ 1º. 2º. e 3º. da Constituição Federal: "*§ 1º. As normas definidoras dos direitos e garantias fundamentais têm aplicação imediata.*" "*§ 2º. Os direitos e garantias expressos nesta Constituição não excluem outros decorrentes do regime e dos princípios por ela adotados, ou dos tratados internacionais em que a República Federativa do Brasil seja parte.*" "*§ 3º. Os tratados e convenções internacionais sobre direitos humanos que forem aprovados em cada Casa do Congresso Nacional, em dois turnos, por três quintos dos votos dos respectivos membros, serão equivalentes às emendas constitucionais.*"

VIII.1.4.2. Ordem pública

A ordem pública diz respeito aos aspectos fundamentais de um ordenamento jurídico, como a soberania, a própria ordem pública e os bons costumes (art. 17, LINDB); o que for essencial ao foro compõe o que chamamos de ordem pública. É quase intuitiva a noção. Inaplicável o direito estrangeiro, a sentença concretizada em outra jurisdição, ou sentença arbitral, se houver ofensa a ordem pública, o que será aferida posteriormente a aplicação do Direito extranacional. As expressões parecem abertas, no entanto, temos como ofensa a "soberania", o que se puser contrário ao *jus imperii*; ofensa aos bons costumes, aquela que importa em contrariar o conjunto de princípios éticos hodiernos de determinado povo, no caso do povo brasileiro. Não são definições técnicas, mas que invocam a natureza da nossa alma, enquanto coletividade e personalidade coletiva, e que tem alguns parâmetros jurídicos.

VIII.1.4.3. Fraude à Lei

É a manipulação artificial dos elementos de conexão, com a finalidade de obter resultado contrário à lei do foro. Observada a fraude em determinado caso, não se aplica o direito indicado, de forma fraudulenta. Quem busca fraudar, tenta ou altera o elemento de conexão regularmente aplicável. É a prática de um ato ilícito previamente praticado para evitar a lei competente. A figura tem existência, para combater e corrigir a manipulação nesse sentido. Manifesta-se no abuso do direito, na violação da ordem pública, na violação do direito de terceiros. Entendemos que em qualquer dessas hipóteses pode existir a fraude.

VIII.1.4.4. Questão prévia

É uma questão preliminar, como o reconhecimento de uma determinada situação de questões jurídicas relacionadas por um nexo de prejudicialidade: questão prejudicial e questão principal. Diante disso se exige que se resolva antes a questão prejudicial, porque sua resolução pode influenciar o rumo da decisão sobre a questão principal. A corrente da conexão subordinada impõe à questão prévia a mesma regra de conflito que foi utilizada para determinar o direito material a ser aplicado da questão principal. É a mesma regra de conexão que deve ser aplicada à questão prévia e à questão principal, homogeneizando a solução. Há a corrente da conexão autônoma, que exige diferentes regras, uma para a questão prévia, outra para a principal. Tem-se que a Lei de Introdução foi omissa, podendo o julgador, pois, utilizar-se de regras de conexão para cada questão. Carvalho Ramos, descreve um caso clássico de corrente subordinada, na França, em que se tratou de sucessão de bens imóveis situados na Indochina francesa. Um dos herdeiros era sobrinho do *de cujus*, mas tinha sido adotado pelo falecido. O Direito francês era o do local do bem, mas a regra conexão era da adoção, hindu. Para complicar, o adotante possuía filhos legítimos, à época da adoção, o que deixaria a regra da adoção inválida pelo Direito francês, impossibilitando que o filho adotivo fosse considerado sucessor, daí considerou a regra do direito material francês, como a válida para o caso, regra da questão principal, mesmo para a questão prévia. Esta não tornava a adoção válida para a sucessão. Se o raciocínio fosse diverso para a questão prévia a conexão apontaria que a adoção seria válida para efeitos da sucessão.

VIII.1.4.5. Direito adquirido

É aquele que uma pessoa faz jus ao preencher os requisitos para a sua aquisição, e não pode mais ser retirado. Tal direito vai com a pessoa para onde ela for, e se estiver fora do país, a ordem jurídica estrangeira, ainda que não tenha no rol de suas regras o mesmo direito ordenado, tem o dever de respeitar a pessoa que vem com este direito, como direito adquirido no seu Estado de origem. O sistema jurídico sob o qual a pessoa nasce, é em linhas gerais, protetor dessa pessoa para onde ela vá, e ao mesmo tempo também determina os deveres a que ela deve se responsabilizar. Ter uma nacionalidade, não importa o sistema (*jus sanguinis, jus soli*) representa ter a pessoa um lugar no mundo, e por isso deve ser respeitada, em seus direitos. Não é apreciável ao Direito Internacional, a existência de apátridas, situação esta, que deve ser corrigida. Pelo menos uma pátria deverá a pessoa ter, se duas ou mais tiver, é um problema mais complexo, mas que pode ser resolvido com facilidade. No atual sistema internacional, mesmo para os apátridas – situação indesejada – haverá algumas soluções nos casos concretos, como, por exemplo, considerar a residência, ainda temporária, em que se encontram, como o centro de seus eventuais direitos, principalmente, os decorrentes das convenções internacionais, e das organizações de direitos humanos. O direito adquirido, perante a uma determinada ordem jurídica, deverá ser respeitado, e o direito adquirido perante a ordem internacional deverá ser respeitado por todos os membros da comunidade internacional. O ser humano é o centro da vida social e para ele devem ser voltadas as ordens jurídicas; o Direito só tem razão de ser quando contempla, direta ou indiretamente, o ser humano.

Claro está, que o direito adquirido não será acolhido se ofender a ordem pública. A regra ou princípio geral, é de que o Direito estrangeiro não pode ser aplicado no território de outro Estado, quando não estiver em consonância com os valores essenciais que este Estado considera em sua ordem jurídica.

VIII.1.4.5.1. Direitos autorais/ **Copyright/ Software**

Uma palavra, nesta seara dos direitos, sobre as novas nuances da área do direito de propriedade *intelectual*, que tem por objeto livros, pinturas e outros decorrentes da criação intelectual (direito autoral) e sua evolução, o modernamente denominamos de *copyright*, sobre obras originais, que podem ser reproduzidas e/ou comunicadas de alguma forma (obras literárias, musicais, fotográficas, filmes, gravações sonoras. Pouco importa, o respeito deve existir em relação à propriedade da pessoa do autor originário.

A Lei n. 9.610/98 reza: *"Art.1º. Esta Lei regula os direitos autorais, estendendo-se sob esta denominação os direitos de autor e os que lhes são conexos." "Art. 2º. Os estrangeiros domiciliados no exterior gozarão da proteção assegurada nos acordos, convenções e tratados em vigor no Brasil e a reciprocidade na proteção aos direitos autorais ou equivalentes." "Art. 3º. os direitos autorais reputam-se, para efeitos legais, bens móveis." "Art. 22. Pertencem ao autor os direitos morais e patrimoniais sobre a obra que criou."*.

É curioso destacar que a regra do § 2º. da Lei n. 9.610/98 determina a natureza dos bens de propriedade intelectual, como bens móveis, na esteira do art. 8º. § 1º. da LINDB, que desloca o exercício e respeito a esse direito à *lex domicilii*, porque o direito será respeitado mesmo fora do domicílio. Exemplifica Weberbauer: *"O domicílio do proprietário do direito do autor somente determina se haverá a incidência da Lei n. 9.610/98 e os tratados – e nem é o único critério, pois se o proprietário for de nacionalidade brasileira ou de país que tenha reciprocidade com o Brasil (critério da nacionalidade), independentemente de onde esteja domiciliado, ele gozará da aplicação da referida lei."*[(40)] Mais adiante o referido autor explica que para o Direito Autoral referente a programas de computador – *software* – a solução

---

(40) WEBERBAUER, Paul Hugo. *Comentários sobre o direito internacional privado brasileiro.* São Paulo: Del Rey, 2022. p. 271.

de conflito se desdobra em dois: princípio da reciprocidade e a unilateralidade das regras de proteção do Direito autoral brasileiro para os proprietários brasileiros e estrangeiros domiciliados no Brasil.[41]

(41) *WEBERBAUER, Paul Hugo. Comentários sobre o direito internacional privado brasileiro. São Paulo: Del Rey, 2022.*

Capítulo IX

Regras de conexão específicas

Neste Capítulo, desenvolveremos um pouco mais alguns elementos de conexão, que já foram mencionados no Capítulo VI, de modo a analisar aspectos mais importantes.

IX.1. Pessoas

A grande divisão que se faz presente em todos os estudos, é o da pessoa física e da pessoa jurídica. A partir daí enfocamos as duas situações dentro dos elementos de estraneidade e da aplicação das regras de conexão.

IX.2. Pessoa física ou natural

Um ser humano nasce e é protegido pelas leis do seu país e adquire personalidade jurídica, fazendo parte da sociedade, tornando-se titular de direitos e tendo obrigações.

Quando pode ser titular de uma relação de direitos, dizemos que tem, distinguir a personalidade da capacidade, que é extensão dada aos poderes ...(...) de ação contidos na personalidade, ou, como diz Teixeira de Freitas, ao modo de ser geral das pessoas. A personalidade é um atributo que consiste na aptidão para o desempenho de um papel jurídico, ou seja, para adquirir direitos e contrair obrigações. A soma das condições com as quais a pessoa age numa relação jurídica, falamos em capacidade de agir.

As relações jurídico-privadas se constituem, modificam e extinguem mediante ações, declarações de vontade, que produzem os efeitos desejados, quando advindas de pessoas com capacidade reconhecida pela ordem jurídica. É o estado da pessoa. Faculdades que ela possui juridicamente.

Estado é esse conjunto, que, no entanto, deve ser distinguido da "lei pessoal" e do "estatuto pessoal" (Edoardo Vitta). Lei pessoal – regulação de todas as questões que interessam ao indivíduo (família, sucessões e outras) e o estatuto pessoa indica o conjunto de matérias disciplinadas na lei pessoal, em determinada legislação.

Na verdade, tudo se resume, no reconhecimento do vínculo jurídico, nestas amplas possibilidades, de uma pessoa com um ordenamento jurídico. Se houver uma lei uniforme, decorrente de um tratado, a questão está resolvida pelos Estados que aderiram ao tratado, se não houver, cada Estado regula este vínculo e em matéria de DIPr, os Estados adotam o método indireto de conflito, baseado na escolha da lei nacional aplicável.

Não se nega que esse vínculo jurídico com um Estado é importante, para que o indivíduo possa manter um mínimo de proteção e uma vida estável, todavia, apesar de amparado pela lei da nacionalidade, e ter tido vigência no Império e em parte da República, bem como ainda a adotarem alguns países do mundo, o Brasil resolveu de há muito optar pela lei do domicílio, para algumas questões relativas ao indivíduo, fixada no art. 7º. da LINDB, de 1942, desde então adotada. sendo o domicílio a sede ou o centro das relações intersubjetivas, regendo, ainda, a personalidade e a capacidade. Com isso, prestigia-se a liberdade do indivíduo, que pode escolher e modificar o seu domicílio, sem perda de proteção, e é a lei da comunidade em que o indivíduo vive e trabalha. A *Lex fori* o define (art. 7º. da LINDB). O artigo 70 estabelece: "*O domicílio da pessoa natural é o lugar onde ela estabelece a sua residência com ânimo definitivo.*". É a sede jurídica da pessoa. Dois elementos: objetivo (residência/fixação da moradia); e, o elemento subjetivo (ânimo de fixar-se de modo permanente).

Quando não houver a identificação do domicílio, haverá o uso da conexão sucessiva; "art. 7º. § 8º. da LINDB) (lugar da residência ou onde se encontre). Quando houver pluralidade de domicílios, aceita-se a lei de cada domicílio para os atos já realizados (*Locus regit actum*) e para as relações fora do país, o da residência habitual (onde o indivíduo passa a maior parte de sua via), ou o domicílio mais apropriado para solução do conflito (proximidade de vínculos/ vínculo mais estreito). Nestas duas últimas possibilidades há a Convenção Interamericana sobre Domicílio das Pessoas Físicas em Direito Internacional Privado - Montevidéu, 1979, ainda não ratificada, mas temos que a LINDB que está no caminho correto, em um mundo cujas fronteiras são líquidas e o deslocamento das pessoas é constante (migrantes). Melhor ainda, a flexibilização nestas questões, como a residência e/ou os vínculos mais próximos e estreitos, adotado pela Convenção sobre a Lei Aplicável a Obrigações Alimentícias com relação aos Filhos (residência habitual da criança) ou a Convenção Interamericana sobre o domicílio das pessoas físicas no Direito Internacional Privado, de 1979.

IX.3. Pessoa jurídica

Pessoas jurídicas são entidades, grupo de pessoas, físicas ou jurídicas, que formam outra pessoa, que a lei atribui personalidade jurídica. A personalidade jurídica da pessoa não se confunde com a de seus integrantes (*universitas distar a singulis*). Temos pessoas jurídicas de direito público interno (Estados soberanos, Municípios e demais entidades de caráter público criadas por lei, autarquias) pessoas jurídicas de direito público externo (ONU, OEA, FMI, OIT), pessoas jurídicas de direito privado (sociedades simples ou empresárias, associações, fundações, partidos políticos, organizações religiosas). As pessoas jurídicas possuem seu estatuto jurídico vinculado a um determinado Estado e as pessoas jurídicas de direito público externo, o seu tratado constitutivo diz de seu centro de atividades.

A nacionalidade da pessoa jurídica de Direito Internacional Privado, é a escolha de sua existência, personalidade e capacidade. Os critérios de identificação são vários: local da sede; nacionalidade do capital; nacionalidade dos controladores; local da constituição; local da administração; autonomia da vontade, e outros. O artigo 11, da LINDB determina: "*As organizações destinadas a fins de interesse coletivo como as sociedades e as fundações, obedecem à lei do Estado em que se constituírem.*", igualmente a Convenção Interamericana sobre personalidade e capacidade de Pessoas Jurídicas no Direito Internacional privado, de 1984.

IX.4. Casamento/família monoparental/união homoafetiva

Dá-se premência à família, como forma de acionamento das pessoas e centro dos interesses, considerados pelo DIPr, o que está de acordo com os princípios maiores da Constituição Federal e em acordo com os direitos fundamentais. O artigo 226 da Constituição Federal diz: "*A família, base da sociedade, tem especial proteção do Estado.*", a lei dos nubentes rege a capacidade dos nubentes para celebrar e demais formas de união entre pessoas para fins de vida comum. Vivemos na era da pluralidade familiar: "*família heteronormativa (patriarcal, tradicional); a família monoparental (dos pais solteiros, viúvos ou divorciados); a família anaparental (a família dos avós, quando os pais são falecidos); a família mosaico (plurilateral, quando pais divorciados formam novas famílias); família homoafetiva (de pessoas do mesmo sexo); família simultânea (ou paralela, novo nome do concubinato) e a família poliafetiva (ou poligâmica).*"[(42)], acrescentando-se a união estável (Lei n. 9.278 de 10.05.1996), artigo 1.723 do Código Civil: "*É reconhecida como entidade familiar a união estável entre o homem e a mulher configurada na convivência pública, contínua e duradoura e estabelecida com o objetivo de constituição de família.*" Entendemos que todas as formas de família se inserem nos direitos de família (art. 7º. da LINDB), sobra discussão sobre a união homoafetiva, em termos de enquadramento jurídico – direito de família ou direito das obrigações – enquadramento no art. 7º. ou no art. 9º., da LINDB? Todavia, optamos por ser ela uma entidade familiar (Lei do domicílio).

O parágrafo 7º. do art. 7º da LINDB, ao dizer que o domicílio do chefe da família estende-se ao cônjuge e aos filhos emancipados, bem como o do tutor ou curador aos incapazes sob guarda, estabelece o "domicílio por dependência", o que segundo Carvalho Ramos, contraria a gramática dos direitos humanos: "*No caso, há a menção ao ´domicílio do chefe da família`. À época, o Código Civil de 1916 estipulava que o ´chefe da família `era, em geral, o marido (art. 233, III), que então, determinava o domicílio da esposa e dos filhos emancipados. Também é feita referência ao ´domicílio do tutor` e ao ´domicílio do curador, que abrangem os incapazes sob sua guarda. No caso da mulher casada, em 1962 a Lei n. 4.121)´Estatuto da Mulher Casada`) modificou apenas ligeiramente a situação, continuando a dar ao marido o*

---

(42) RAMOS, André de Carvalho. *Curso de direito internacional privado.* 2. ed. São Paulo: Saraiva, 2021. p. 149.

direito de fixar o domicílio da família, mas permitindo que a mulher recorresse ao judiciário, caso a deliberação a prejudicasse."(43) Efetivamente, a forma como foi sistematizado o domicílio da mulher, contraria os direitos humanos. Já a Constituição Federal de 1988, determinou a igualdade entre o homem e a mulher (art. 226, § 5º., bem como o Código Civil de 2002 (art. 1.567), e o domicílio do casal (art. 1.569), observando-se que a LINDB não teria a mesma evolução e não estaria de acordo com a modernidade dos direitos, entretanto, uma dúvida nos parece razoável, porquanto a expressão "chefe da família", pode perfeitamente encaixar-se em relação à mulher, quando ela exerce de fato a chefia familiar. Sob este aspecto, em confirmando nosso raciocínio, não traçamos igual crítica àquela feita por André de Carvalho Ramos.

No caso de invalidade do casamento a lei aplicável é a do domicílio dos nubentes, ou se distintos, a do primeiro domicílio do conjugal. Referência à decisão do Supremo Tribunal Federal, que desconsiderou, o § 4º. do art, 7º. da LINDB, uma vez que a validade de um ato, ou sua invalidade, só poderia ser aferida em face da lei a que ele obedeceu. Igual regra se aplica ao regime de bens.

Em relação ao casamento de estrangeiros, este pode ser realizado perante a autoridade consular ou diplomática, do Estado patrial, e aplica-se, no caso do Brasil, os mesmos dispositivos da LINDB. Casamento de brasileiro celebrado no estrangeiro deverá ser registrado no Brasil, em 180 dias, a contar da volta de um ou de ambos os cônjuges à nossa terra.

Para a celebração do casamento, aplica-se a *Lex loci celebrations* (art. 7º., § 1º. LINDB), diverso da lei dos nubentes

---

(43) *RAMOS, André de Carvalho. Curso de direito internacional privado. 2. ed. São Paulo: Saraiva, 2021.*

(*Lex patrie*). Realizando o casamento no estrangeiro, aplica-se a lei do local da celebração, quanto aos impedimentos dirimentes e as formalidades da celebração.(44)

O regime de bens, legal ou convencional, obedece a lei do país de domicílio dos nubentes, se diversos, a do primeiro domicílio conjugal. (art. 7º. § 4º)

IX.5. Divórcio

Em relação ao divórcio/separação, duas regras são examinadas, a do parágrafo 6º. do art. 7º. da LINDB: "*O divórcio realizado no estrangeiro, se um ou ambos os cônjuges forem brasileiros, só será reconhecido no Brasil depois de 1 (um) ano da data da sentença, salvo se houver sido antecedida de separação judicial por igual prazo, caso em que a homologação produzirá efeito imediato obedecidas as estabelecidas para a eficácia das sentenças estrangeiras no país. O Superior Tribunal de Justiça, na forma de seu regimento interno, poderá reexaminar, a requerimento do interessado, decisões já proferidas em pedidos de homologação de sentenças estrangeiras de divórcio de brasileiros, a fim de que passem a produzir todos os efeitos legais.*"; e, o parágrafo 6º., do art. 226, da Constituição Federal: "*O casamento civil pode ser dissolvido pelo divórcio.*" (redação pela Emenda Constitucional n. 66, de 13.7.2010). Neste embate, prevalece o dispositivo da Constituição, e nenhuma exigência temporal deve ser imposta.

IX.6. Bens

O regime jurídico dos bens, assim como os itens já tratados, é essencial para o DIPr, pois abarca a propriedade, a posse, a criação, modificação e extinção dos direitos

(44) Impedimento é a ausência de requisitos para a constituição de um casamento válido, nos termos do Código Civil.

reais, modos, prazos, aquisição, e outras figuras decorrentes, temas, por si, já complexos em termos de legislação interna, e como se esperar, com um grau de dificuldade a mais, quando se trata de regulamentar os conflitos de leis no espaço. Aqui chamamos a atenção para o problema, sem ter a intenção de dar solução a todos eventuais casos nesta seara, posto o que importa para este "Elementos" é indicar as possibilidades para um maior estudo e pesquisa.

Um ponto primordial para o começo de dissipação das dúvidas que surgiram diante de um caso concreto, é o da qualificação exata do bem, que está no centro de uma discussão conflituosa: se é móvel ou imóvel, para a legislação a ser considerada.

A LINDB, em seu artigo 8º. Afirma: "*Para qualificar os bens e regular as relações a eles concernentes, aplicar-se-á a lei do país em que estiverem situados.*". A sujeição do bem, desde que de épocas antigas (estatutários), devia ficar sob a lei do local da situação (*lex rei sitae*). A LINDB determinou que a qualificação do bem - móvel, imóvel, corpóreo, incorpóreo, fungível, infungível - é o da lei do local, em vigência, onde se situa o bem (lei territorial). Todavia, somente vale para os bens móveis e imóveis de localização permanente, porque aos de uso pessoal do viajante e aos em trânsito, aplica-se o parágrafo 1º., do referido artigo: "*Aplicar-se-á a lei do país em que for domiciliado o proprietário, quanto aos bens móveis que ele trouxer ou se destinarem a transporte para outros lugares.*"(*mobília sequuntur personam*). Navios e aeronaves, apesar de transitarem, não entram na regra, porque não são levados por uma pessoa, como bem seu, de sua propriedade. A qualificação, em qualquer situação, de ser o bem móvel ou não, será feita pela lei local de onde ele, bem, se encontra.

Entretanto, a aplicação do dispositivo em referência (bem móvel não permanente segue a pessoa) fica de difícil compreensão quando se trata do transporte de mercadorias, pois há de ser considerada, em algumas situações a mobilidade do proprietário, e, portanto, do regime jurídico. Weberbauer, a partir de uma exemplificação, adverte: "Ratel está fazendo sua mudança de domicílio por causa da nova relação de emprego. Ratel era domiciliado na Alemanha, mas está em processo de mudança para o Brasil. Durante esse processo, permanece um mês no Havaí – EUA (rota Alemanha – Havai – Brasil)...(...) Qual o domicílio será utilizado?"...(...) no caso de ser domiciliado nos EUA e estar enviando um livro para a sua residência no Brasil, onde também possui domicílio" E mais adiante, indaga "Essas questões podem parecer ridículas, mas se aplicarmos para as empresas multinacionais/transnacionais e fluxo de peças para montagem de produtos, como fica a situação quando uma empresa envia uma peça para uma filial em outro país realizar a montagem do produto final? Qual o domicílio vai prevalecer? Observa que os bens não mais acompanham o proprietário, e sim, ficam sob a responsabilidade do transportador. A partir daí traz outras considerações sobre os bens, coisas móveis que se deslocam sob a regulamentação de um contrato, e os efeitos tributários dessa situação, a que a aplicação da legislação brasileira não tem resposta adequada.(45)

Quanto aos navios e aeronaves, são tidos como bens móveis especiais, e seguem a lei da bandeira (ou embandeiramento) ou matrícula. A Convenção do Mar (Convenção de Monetgo Bay, 1982), diz que o registro do transporte, deve ser o do Estado com o qual tiver vínculo substancial: *"Art. 91. Todo Estado deve estabelecer os requisitos necessários para a atribuição da sua nacionalidade a navios, para o registro de navios no seu território e para o direito de arvorar a sua bandeira. Os navios possuem a nacionalidade do Estado, cuja bandeira,*

---

(45) WEBERBAUER, Paul Hugo. *Comentários sobre o direito internacional privado brasileiro.* São Paulo: Del Rey, 2022. p. 185/203.

estejam autorizados a arvorar. Deve existir um vínculo substancial entre o Estado e o navio." Com isso fica proibida a bandeira de conveniência. Em relação às aeronaves aplicável o Código Brasileiro de Aeronáutica, Lei n. 7.565/86, e a nacionalidade da aeronave é a do Estado em que esteja matriculada, mais algumas considerações serão feitas mais adiante em relação aos navios e aeronaves.

IX.7. Obrigações/Autonomia da vontade

Pusemos na mesma temática de desenvolvimento, as obrigações e a autonomia da vontade, por parecer a nós, que, em geral, na formação daquelas e nas suas consequências decorre esta última. Os temas merecem estudos em separado e mais aprofundados, que fogem ao objetivo desse manual elementar.

Estabeleceu-se uma celeuma entre a verdadeira lei de regência das obrigações: *Lex loci contractus* ou *Lex Loci solutionis*. Entra em consideração a forma que deve o contrato obedecer, a do *Locus regit actum.*

O Brasil adotou a *Lex loci contractus* (art. 9º., da LINDB) e quando os cocontratantes não estiverem no mesmo país, efetuando contrato à distância, aplicável o parágrafo 2º., do artigo 9º. da LINDB: *"A obrigação resultante do contrato reputa-se constituída no lugar em que residir o proponente."*, o que possibilita maior flexibilidade na aplicação da lei, porquanto basta a residência, mesmo sem ânimo definitivo.

Para os exemplos acima postos, referentes à feitura do contrato, a lei brasileira não parece dar opção à autonomia da vontade, isto é, as partes não escolhem a lei do contrato, esta é a do lugar de sua constituição. Em outras palavras, o negócio jurídico não é finalizado, de forma plena, pela vontade das partes, porquanto a lei, como se viu, imporia as amarras.

A autonomia da vontade caracteriza-se pela possibilidade de escolha da lei aplicável ao negócio jurídico, viabilizado pelo contrato. Os princípios da UNIDROIT[46] em matéria de contratos comerciais, tem por regra a autonomia da vontade: "*Artigo 1.1. As partes são livres para celebrar um contrato e determinar-lhe o conteúdo.*" Os operadores econômicos, frase muito utilizada no comércio, têm direito de decidir a quem oferecer seus bens e serviços e de quem recebê-los, contudo normas imperativas de Direito Público, bem como de Direito Privado, normalmente prevalecem sobre as normas contidas nos Princípios e, em consequência, sobre a vontade das partes. Há motivos para tanto, para os operadores do Direito e, menos, para os operadores econômicos, e razões de soberania e de ordem pública para os Estados, ainda que possa haver contornos a tais situações, sem ofensa ao ordenamento jurídico, mas os ordenamentos nacionais – como no caso do Brasil – e os tratados internacionais podem impor limites, requisitos formais, e até não permitir que a manifestação de vontade seja completamente livre, para a feitura do contrato (cláusulas) e/ou mesmo a determinação do foro de execução. O contrato validamente celebrado é vinculatório (*pacta sunt servanda*). A UNIDROIT, no seu artigo 1.4., reconhece que as normas imperativas, de origem nacional, internacional ou supranacional superam os "Princípios".

Desse modo, apesar das críticas à falta de autonomia da vontade no sistema brasileiro, não estamos absurdamente

---

(46) UNIDROIT (Instituto Internacional para a Unificação do Direito Privado) – Princípios UNIDROIT Relativos aos contratos comerciais internacionais, Quatier Latin, 2004.

defasados quanto a este aspecto. É uma questão de prioridades e de eleição por parte do Estado, o que é importante, no momento, para a sociedade. Além do mais, há um movimento sutil para se ir construindo as bases do Direito, por intermédio da atuação dos agentes jurídicos e econômicos, que aos poucos e de forma justificada podem expandir a autonomia da vontade, deixando de ser um princípio para acontecer nos casos em que a necessidade se apresenta.

Interessante o Caso Mendes Junior, tal como o descreve Carvalho Ramos, e que diz bem da oportunidade de prestigiar, em casos específicos esse princípio, ao relatar que no evento descrito versou-se sobre a validade da lei aplicável ao contrato internacional. As partes escolherem as leis do Estado de Nova York, e a Justiça, de início entendeu que não se pode afastar a lei brasileira. Contudo, o STJ decidiu pela liberdade das partes escolherem a lei estrangeira, de forma lícita e condizente com a boa-fé, e "*admitir-se a inaplicabilidade da lei estrangeira configurava manifesto* ´venire contra factum proprium´, *com o qual a ordem pública não se compatibiliza.*"O Judiciário deve sensibilizar-se diante das necessidades sociais, mas não só, pois o mundo de hoje, acelerado em seus negócios e relacionamentos, que vê nas fronteiras do Estado, barreiras políticas, perfeitamente ultrapassáveis, sem ofensa à ordem pública e à soberania, vai criando instâncias de resolução (mediação, arbitragem, convenções internacionais) que têm por força essa autonomia. No que diz respeito às Convenções, (tratados internacionais), se o Brasil assina, ratifica ou adere, àquelas que tenham norma de autonomia da vontade, por certo o artigo 9º., da LINDB, não se constituirá uma barreira intransponível. É o caso da Convenção das Nações Unidas sobre Compra e Venda Internacional de Mercadorias, de 1980 e o Protocolo de Buenos Aires sobre Jurisdição em Matéria Contratual, e algumas que não foram ratificadas pelo Brasil, mas que influenciam a tomada de decisões, a exemplo da Convenção Interamericana sobre Direito Aplicável aos Contratos Internacionais, 1994: "*Artigo 7. O contrato rege-se pelo direito escolhido pelas partes. O acordo das partes sobre esta escolha deve ser expresso ou, em caso de inexistência de acordo expresso, depreender-se de forma evidente da conduta das partes e das cláusulas contratuais, consideradas em seu conjunto. Essa escolha poderá referir-se à totalidade do contrato ou a uma parte do mesmo.*

A eleição de determinado foro pelas partes não implica necessariamente a escolha do direito aplicável." O artigo 9º. da mesma Convenção, também estabelece que não tendo as partes escolhido o direito aplicável, ou se a escolha se tornar ineficaz, o contrato reger-se-á pelo direito do Estado, com o qual mantenha os vínculos mais estreitos. Cremos avançada esta regra: primeiro, o acordo do direito aplicável deve ser expresso, se não expresso buscar-se-á a substância do contrato que dirá, o que as partes realmente desejaram, ou se aplicará o Direito em que há os vínculos mais estreitos, o que permitirá a concretização, de alguma forma, da autonomia da vontade.

Não sem críticas, houve também um avanço na legislação interna, no que respeita à eleição de foro, como o artigo 25, do CPC: "*Não compete à autoridade judiciária brasileira o processamento e o julgamento da ação quando houver cláusula da eleição de foro exclusivo estrangeiro em contrato internacional, arguida pelo réu na contestação.*"

São coisas diferentes: eleição da lei de regência do contrato e eleição de foro, mas floresce uma evolução de caminhos nos negócios internacionais (obrigações, contratos). O artigo 17, da LINDB, dá o tom da eventual barreira para a escolha pelas partes de diversos aspectos dos contratos, pois, as declarações de vontade não terão eficácia no país, quando ofenderem a ordem pública, a soberania nacional e os bons costumes. Ora, se não houver essa ofensa – questão interpretativa – a autonomia da vontade poderá ser exercida, e o artigo 9º., da LINDB não é impeditivo.

Os caminhos estão abertos, como o "princípio da proximidade", invocado em decisão trabalhista: "*Em se tratando de empregada brasileira, pré-contratada no Brasil, para trabalho parcialmente exercido no Brasil, o princípio do centro de gravidade da relação jurídica atrai a aplicação da legislação brasileira*" (TST, RR n. 127, Processo n. 2006-446-02-00.1, 8ª.T., rel. Min. Maria Cristina Irigoven Peduzzzi, j, 06.05.2009). Podemos imaginar em situações diversas a invocação do "princípio da proximidade" para soluções viáveis aos conflitos internacionais.

Enfim, a autonomia da vontade, não é uma questão fechada e uma barreira intransponível. Caso a caso, deverá ser examinado, para atender a vontade das partes, sem prejuízo de leis imperativas.

IX.7.1. Arbitragem/Autonomia da vontade

Estabelecida por cláusula compromissória ou por via de pacto arbitral, arbitragem é a concretização do exercício da autonomia da vontade, afastando a jurisdição estatal na apreciação do mérito da controvérsia. As partes exercem a autonomia privada, escolhendo a arbitragem e com ela o arcabouço jurídico de que como se processará o procedimento arbitral (Lei n. 9.307/1996), o que dá ampla margem de escolha. Se pelo direito, delimitam-se as normas jurídicas do sistema jurídico, a serem utilizadas; se de equidade, as partes autorizam a interpretação dos fatos pelos árbitros, à luz dos princípios gerais do Direito, dos usos e costumes e demais regras consolidadas do comércio (*Lex mercatória*), convenientes para a consumação do negócio comercial e efetivação de sua pujança no mundo empresarial. No capítulo próprio, desenvolveremos um pouco mais. Aqui, chamamos a atenção apenas para o princípio da autonomia da vontade.

IX.8. Sucessões

Morte de pessoa física titular de determinado patrimônio, transfere-se esse patrimônio para os herdeiros, por previsão legal ou ato de última vontade. Quando isso envolve mais de um ordenamento jurídico, estamos diante de regras de conexão: "Art. 10. A sucessão por morte ou por ausência obedece à lei do país em que era domiciliado o defunto ou o desaparecido qualquer que seja a natureza e situação dos bens." (LINDB), abrangendo todos os institutos da sucessão, testamentária e não testamentária, e todos os bens, móveis, imóveis, corpóreos e incorpóreos, na lei do domicílio do *de cujus*, no momento da abertura da herança.

A liberdade de testar é instituto relativo ao estado da pessoa, refere-se aos direitos da personalidade, ou seja, lei do domicílio do testador, no momento da elaboração do testamento (art. 7º. LINDB).

A validade extrínseca do testamento, é visto pela lei do local da realização do ato (art. 9º. LINDB).

A validade intrínseca do testamento, refere-se à substância do ato, é aplicável a lei do domicílio do *de cujus*, havendo exceção no que concerne aos herdeiros brasileiros, com tratamento preferencial a estes (cônjuge ou filhos), quando do falecimento do ´de cujus` no estrangeiro (art.10, § 1º. LINDB). O legislador preferiu seguir a nacionalidade, neste caso, em vista da proteção (art. 5º., XXXI, da CF).

A capacidade de suceder é a da lei do domicílio do herdeiro ou do legatário (art. 10, § 2º. LINDB).

A unidade sucessória se dá quando da existência de bens situados no Brasil. Se houver bens em diversos países, o Brasil adota a pluralidade sucessória, devendo em cada local ter a abertura do inventário respectivo. É caso da pluralidade sucessória, pois os bens situados no exterior não serão trazidos à colação ao inventário. Por certo, essa regra ofenderia a igualdade entre os herdeiros, havendo possibilidade de equalização da herança, esperar o inventário no exterior e, a partilha de bens lá procedida e depois fazer a conta de equalização aqui no Brasil, para os herdeiros brasileiros.

IX.9. Alimentos

Interessa às famílias compostas de pessoas de nacionalidades, domicílios e residências diversas, o que importa na temática dos alimentos transnacionais, que se resolvem muitas vezes por intermédio de tratados, que uniformizem a matéria: Convenção das Nações Unidas sobre Prestação de Alimentos no Estrangeiro, 1956 (Decreto n. 56.826/65); Convenção Interamericana sobre Obrigação Alimentar, 1989 (Decreto n. 2.428/97); Convenção sobre a Cobrança Internacional de Alimentos para crianças e Outros Membros da Família; e, Protocolo sobre a Lei Aplicável às Obrigações de Prestar Alimentos, todos inseridos na ordem jurídica brasileira (2007).

IX.10. Sequestro de crianças

Representa violação grave do direito das crianças de convivência com a sua família natural. Também, é matéria apropriada para acordos internacionais que a uniformizem e são a base da cooperação internacional entre os países. A Convenção da Haia, elaborada em 1980, na Conferência de Haia de Direito Internacional Privado e a Convenção Interamericana sobre Restituição Internacional de Menores, 1989, que, de certa forma a complementa.

Capítulo X

Cooperação Jurídica Internacional

A cooperação jurídica internacional deixou de ser apenas um costume e uma cortesia entre Estados soberanos para tornar-se um dever jurídico decorrente, de início, de tratados internacionais e com o passar de tempo, tendo em vista os direitos humanos (matéria de fundo de muitos tratados), quase que uma obrigatoriedade extracontratual, e de cumprimento do princípio da reciprocidade (um Estado age com outro, como este outro também tem agido, independentemente de acordo).

Temos que a reciprocidade funciona plenamente para o bem e para o bom objetivo, e não para a vindita, a contrariedade, como já ocorreu alhures, de um país, em reciprocidade, agir contra nacionais de um outro país, em face de um tratamento também ruim a seus nacionais no outro território. Para nós aí não se tem reciprocidade, mas apenas política de Estado.

O costume internacional (em matéria de cooperação e, principalmente, em direitos humanos) que vem a fazer parte, naturalmente, em "jus cogens" internacional, também justifica a cooperação internacional. A Carta das Nações Unidas, em seu artigo 13 b, determina: "*Promover cooperação internacional nos terrenos econômico, social, cultural, educacional e sanitário e favorecer o pleno gozo dos direitos humanos, e das liberdades fundamentais, por parte de todos os povos, sem distinção da raça, sexo, língua ou religião."*

Necessário enfatizar que, como regra geral, os tratados internacionais devem ser incorporados ao território nacional (arts. 49, I, e art. 84, VIII, da CF) (dualismo), tratados bilaterais e tratados multilaterais, sendo que em matéria de direitos humanos, tal incorporação é automática (art 5º. § § 1º e 2º. CF) (monismos com primazia no Direito Internacional). Quanto a estas teorias, remetemos o estudioso aos livros de Direito Internacional Público, dentre ele, o nosso, que vai para a 17ª. edição pela LTr).

Os sujeitos de Direito Internacional, de cooperação internacional, são os Estados e, de forma eventual, as organizações internacionais. Sem dúvida, os Estados soberanos, continuam a ser os sujeitos principais, o que tem lógica, posto que têm o poder e administração de seu território e de todos os que nele vivem. A cooperação internacional, pois, visa que sem ofender a soberania de cada Estado, respeitando as suas fronteiras, os valores de justiça, de concretização dos procedimentos judiciais necessários para eventual condenação e/ou absolvição de pessoas em um caso específico.

Em geral, os indivíduos são beneficiários da cooperação jurídica internacional, decorrente de tratados de direitos humanos, considerando direitos individuais e coletivos, que devem ser vistos como superiores a quaisquer outros regramentos na ordem interna e na ordem internacional.

Na verdade, a cooperação jurídica internacional é um conjunto de regras, internacionais e nacionais, que rege a colaboração entre sujeitos de Direito Internacional, Estados e organizações internacionais), para facilitar a concretização da justiça, independentemente das fronteiras dos Estados.

Temos, que isso se dá, em toda as matérias: cível, trabalhista, criminal, comercial, tributária. A via é o requerimento de um Estado (Estado requerente), em face de um Estado, eventual descumpridor de uma regra (Estado requerido), em cooperação processual efetiva, ou de simples informação, ou pré-processual, ou de execução, ou ainda entre Estados e organizações internacionais.

O CPC não regulamenta a cooperação jurídica internacional, que deve ser feita, normalmente, por tratados internacionais, de que o Brasil faça parte. Carvalho Ramos lembra Harberle, sobre o ´Estado Constitucional Cooperativo: "*Consolida-se o ´Estado que coopera`, denominado ´Estado Constitucional Cooperativo` por Harbele, o qual é caracterizado por sua abertura para o Direito Internacional e ainda por sua vocação constitucional de auxílio internacional das tarefas da comunidade dos Estados. Para Harbele, o Estado Constitucional Cooperativo é aquele que, premido pelos fluxos transfronteiriços, age disposto à cooperação internacional.*"[47]

O artigo 4º e seu inciso IX, da Constituição Federal é nesse sentido: "*Art. 4º. A República Federativa do Brasil rege-se nas suas relações internacionais pelos seguintes princípios: IX – cooperação entre os povos para o progresso da comunidade.*" O Brasil, portanto, é constitucionalmente um Estado de cooperação nas relações internacionais.

Destacam-se, ainda as seguintes normas constitucionais: art. 5º., LI (nenhum brasileiro será extraditado, salvo o naturalizado, em crime comum antes da naturalização) e LII (não extradição de estrangeiro por crime político ou de opinião); art.102, I, g (competência do STF para processar e julgar pedido de extradição solicitada por Estado

---

(47) RAMOS, André de Carvalho. *Curso de direito internacional privado.* 2. ed. São Paulo: Saraiva, 2021. p. 500.

estrangeiro); art. 105, I, i (competência do STJ para processar e julgar homologação de sentença estrangeira e concessão de exequatur às cartas rogatórias); art. 109, III (competência dos juízes federais para processar e julgar causas fundadas em tratados ou contrato da União com Estado estrangeiro ou organismo internacional).

Também há regras específicas no Código Penal de cooperação, no Código de Processo Penal, no Código de Processo Civil e leis esparsas. A cooperação, no entanto, não se dará se ofender as normas fundamentais do Estado, salvo algumas básicas, como, por exemplo, no Código de Processo Civil, que exige respeito às garantias do devido processo legal, igualdade de tratamento entre nacionais e estrangeiros, publicidade processual, exceto nas hipóteses de sigilo, previstas na legislação, existência de autoridade central para recebimento e transmissão do pedido e espontaneidade na transmissão (art. 26, do CPC). Também, o artigo 27 do CPC, diz do objeto da cooperação jurídica, com rol meramente exemplificativo.

X.1. Formas de cooperação

Pensamos que a cooperação jurídica internacional se deve à noção do Direito como uma unidade intrínseca e comum a todos os povos, não importando o espaço territorial do Estado e o sistema jurídico que adota.

Pode ser feita por via de comunicação de pedidos, entre Estados (requerentes e requeridos), por via diplomática e canais consulares (Estados acreditantes – que enviam diplomatas e acreditados – que recebem diplomatas), via autoridade central (órgão de comunicação estatal previsto em tratados internacionais), via do contato direto (entre os próprios órgãos da atividade-fim), por via postal (correspondência), por via do próprio interessado (entrega pelo próprio interessado dos atos realizados em uma jurisdição para outra jurisdição).

X.1.1. Homologação de decisão estrangeira

Como se viu, é competência do Superior Tribunal de Justiça a homologação de sentença estrangeira, embora nem todas as sentenças estrangeiras necessitem ser homologadas, dependendo de tratado internacional nesse sentido, a exemplo do Protocolo de Las Lenãs para os países do Mercosul. De qualquer modo, o Código de Processo deu maior amplitude, pois ao referir-se à decisão, abrange possibilidades maiores, do que somente a sentença, que espécie de decisão. O artigo 963, do CPC dá os requisitos necessários: "*Constituem requisitos indispensáveis à homologação da decisão: I – ser proferida por autoridade competente; II – ser precedida de citação regular, ainda que verificada a revelia; III – ser eficaz no país em que foi proferida; IV – não ofender a coisa julgada brasileira; V – estar acompanhada de tradução oficial, salvo disposição que a dispense prevista em tratado; VI – não conter manifesta ofensa à ordem pública.*" O Regimento Interno do Superior Tribunal de Justiça contém regras sobre a homologação, bem como cartas rogatórias e auxílio direto.

Iguais regras se encontram no artigo 15, da LINDB, observando-se que a decisão para ser homologada necessita ser transitada em julgado, uma vez que estaria sujeita a eventual modificação, através de recurso.

Não há necessidade de homologar decisão estrangeira, em relação a fatos que no Brasil não fosse exigida decisão judicial. Equivalência de tratamento. Os requisitos postos pela Constituição Federal, o CPC e o Regimento Interno do STJ, devem ser vistos em complemento, observando-se que no Estado estrangeiro a decisão deve ser passível de plena execução.

Também importante, o artigo 964, do CPC: "*Não será homologada a decisão estrangeira de competência exclusiva da autoridade judiciária brasileira.*"

Portanto, os requisitos para que a decisão valha no território nacional, examinados pelo Superior Tribunal Justiça, no que convencionou-se chamar de juízo de delibação: obediência aos pressupostos formais – legalização (juiz competente, partes devidamente citadas, observando-se a possibilidade do contraditório, ou ter ocorrido revelia, sentença transitada em julgado, não ser de competência exclusiva do juízo brasileiro, executoriedade da decisão no juízo de origem, não contrariedade ao art.17, da LINDB.

Juízo de delibação, expressão de origem latina (*delibatioonis*), em que o juiz não aprecia o mérito da sentença, verificando apenas se os requisitos formais externos e a legitimidade jurisdicional foram obedecidos.

No âmbito do Mercosul, ante a existência de assistência e cooperação judiciária, entre os Estados-partes, pelo Protocolo de Las Leñas, 1992, que privilegiou o acesso à Justiça de cidadãos do bloco, com uniformização processual, reconhecendo a execução de sentença estrangeira e de laudos arbitrais, abrangendo as sentenças, laudos arbitrais e exequatur de cartas rogatórias. As decisões no Mercosul têm igual procedimento das cartas rogatórias.

As sentenças estrangeiras meramente declaratórias, não necessitam de homologação.

X.1.2. Cartas rogatórias

Carta rogatória (art. 36 a 41, do CPC) é um pedido de assistência jurídica internacional de um Estado a outro, para processos civis, penais, trabalhistas. Diligências judiciais que um Estado requer para a um outro Estado, emitidas no Brasil, pelos juízos. Ativa, quando o Brasil envia a carta rogatória (encaminhada pela autoridade brasileira à autoridade central – art. 37 do CPC), acompanhado o requerimento, de tradução para a língua oficial do Estado requerido; passiva, quando recebe a carta rogatória, do Estado estrangeiro pela via da autoridade central ou pela via diplomática ao Superior Tribunal de Justiça, para que este dê o "cumpra-se" (*exequatur*). A competência constitucional para conceder o exequatur, é do Superior Tribunal de Justiça. Trata-se, também, de juízo de delibação, não se analisando o acerto ou desacerto da decisão, e é de jurisdição contenciosa (art. 36 do CPC). O Regimento do STJ tem as regras sobre o processamento das cartas rogatórias.

X.1.3. Auxílio direto/ativo e passivo

Consiste no transporte de pedido de assistência jurídica internacional, mecanismo de cooperação judiciária. No auxílio direto, o requerente encaminha o pedido de assistência, em cumprimento de determinada obrigação prevista em tratado ou em decorrência de reciprocidade. O Estado recebendo o pedido de auxílio (arts. 28 a 34 do CPC) verifica as providências cabíveis, relevantes, a serem tomadas, para um processo que tramita perante o Judiciário. Normalmente, uma diligência de natureza administrativa, prática de atos processuais de caráter não decisório, e que poderiam ser objeto de carta rogatória, a exemplo de fixação de pensão alimentícia, bloqueio de ativos financeiros, sequestro de bens, produção de certas provas, restituição de menores, ilicitamente levados etc.

Art. 28 do CPC: "*Cabe auxílio direto quando a medida não decorrer diretamente de decisão de autoridade jurisdicional estrangeira a ser submetida a juízo de delibação no Brasil.*" O cabimento direto é limitado pela necessidade de a decisão judicial ser submetida ao juízo de delibação.

Na rogatória há uma providência jurisdicional do Estado rogante, ao passo que no auxílio direto, não há uma decisão do Estado requerente, mas um pedido de providências, que requer uma decisão de mérito do Estado rogado, enquanto a rogatória importa em um juízo de delibação. Os pedidos de auxílio direto de Estado estrangeiro são julgados pelos juízes federais (art.109, I, III e V da CF).

Qualquer órgão estrangeiro pode solicitar o auxílio direto (auxílio direto passivo) para o Brasil, devendo a solicitação ser encaminhada à autoridade central, em regra o Ministério da Justiça, estabelecida no tratado. O Ministério da Justiça encaminha a Advocacia Geral da União, que requererá em juízo a medida solicitada (art. 33 do CPC).

Capítulo XI

Direito Processual em DIPr

Os autores costumam falar em Processo Civil Internacional, é uma boa expressão, e que já ficou consagrada, no entanto, preferimos denominar em Direito Processual em Direito Internacional Privado, porquanto abrange todas as áreas do Processo, e depois, porque entendemos melhor a expressão esta última denominação, no sentido de que o processo é interno de um país, em consideração a fatos extranacionais, e não, verdadeiramente internacional. Consideraríamos processo internacional, o que se desenvolve, desde o início, perante a jurisdições internacionais (Corte Internacional de Justiça, Tribunal Penal Internacional, Tribunais administrativos de organizações internacionais, Tribunais de Direitos Humanos, Tribunais *ad hoc* de Direito Público e de Direito Privado e outros). Talvez, seja mera picuinha terminológica, mas ainda assim mantemos o argumento, à guisa de discussão acadêmica e para efeitos didáticos. Adote-se o que for melhor para a compreensão da matéria.

Nunca é demais repetir: o objeto de estudo do Direito Internacional Privado são, em princípio, os conflitos de leis no espaço, e dizemos em princípio, porque nem sempre há real conflito, e sim, a aplicação de uma ou de outra legislação, em virtude dos elementos de conexão, posto que não haveria, *in casu*, conflito positivo ou negativo de aplicação de leis, encetado pela atuação jurisdicional, do poder competente, de um ou outro país.

Desse modo, e neste caminho das ideias, quando estudamos os casos, não deveríamos falar em conflito de competências, e sim, em conflito de jurisdições, se assim realmente vier a ocorrer. Lembramos que, competência é em palavras símplices, o limite da jurisdição e esta é a faculdade, o poder de dizer o direito em determinado caso concreto. Daí, este poder ser dividido em áreas, em um país de grande extensão territorial, delimitando-se a determinados juízes o julgamento de matéria cível, a outros de matéria trabalhista, a outros de matéria penal e por aí vai. O artigo 16 do CPC define: "*A jurisdição civil é exercida pelos juízes e pelos tribunais em todo o território nacional, conforme as disposições deste Código.*" O artigo 21, por sua vez, especifica: "*Compete à autoridade judiciária brasileira processar e julgar as ações em que: I – o réu, qualquer que seja a sua nacionalidade, estiver domiciliado no Brasil; II – no Brasil tiver de ser cumprida a obrigação; III – o fundamento seja fato ocorrido ou ato praticado no Brasil.*" O artigo 42 deixa claro: "*As causas cíveis serão processadas e decididas pelo juiz nos limites de sua competência, ressalvado às partes o direito de instituir juízo arbitral, na forma da lei.*"

Na mesma esteira para compreensão técnica temos o artigo 12 da LINDB: "*É competente a autoridade judiciária brasileira, quando o réu for domiciliado no Brasil ou aqui tiver de ser cumprida a obrigação. § 1º. Só à autoridade judiciária brasileira compete conhecer das ações relativas a imóveis situados no Brasil. § 2º. A autoridade judiciária brasileira cumprirá, concedido o exequatur e segundo a forma estabelecida pela lei brasileira, as diligências deprecadas por autoridade estrangeira competente, observando a lei desta, quanto ao objeto das diligências.*"

Todas essas regras revelam também a cooperação internacional do Brasil, por ato de sua soberania, na ordem jurídica interna, já objeto de algum raciocínio em tópico anterior, observando os casos em conexão internacional, que o juiz brasileiro pode julgar.

XI.1. Jurisdição/Competência Interna e Internacional

O equívoco do subtítulo é proposital, uma vez que grassa em alguns escritos certa confusão. Aqui vamos repetir a ideia do parágrafo anterior. A jurisdição é exercida por um Poder do Estado, o Poder judiciário (os outros Poderes são o Legislativo e o Executivo), que atua em todo território nacional, e não fora dele. Agora, se falarmos em jurisdição internacional, esta é aquela exercida por órgãos internacionais, em matéria internacional, e não no território de um Estado. Por facilitar a compreensão, e por já ser de praxe, alguns textos de Direito deixam de lado estes meandros técnicos e falam em jurisdição internacional e competência internacional. Não há, rigorosamente, nenhum erro, porque a ideia é abrangente, quem tem competência para julgar determinada causa, tem sua jurisdição, e esta causa pode ter elementos estranhos ao país ou não.

"O poder ou a função jurisdicional, ou, ainda, a jurisdição, hodiernamente atribuída com exclusividade ao Estado, ou, mais especificamente, aos órgãos que constituem o Poder Judiciário, poder-função enraizado na própria soberania (art. 2º. da CF/1988), é naturalmente abstrato...(...) A competência, pois, é decorrência de uma especificação gradual e sucessiva do poder jurisdicional, que possibilita a sua concretização, num dado órgão do Poder Judiciário, relativamente a uma espécie ou mais de causas."[(48)] Tais considerações pelo consagrado mestre, definem de forma simples, o que pensamos. Daí, falar-se em jurisdição e

---

(48) ALVIM, Arruda. *Manual de direito processual civil.* São Paulo: Revista dos Tribunais, 2011. p. 281/282.

competência internacional do juiz brasileiro, não nos parece rigorosamente, o melhor caminho. A jurisdição desempenhada pelo juiz nacional é sempre dentro de seu território, e igualmente sua competência, ainda que, as consequências da atuação jurisdicional, se estenda – por tratados internacionais e/ou reciprocidade – a territórios estrangeiros.

De todo modo, pode haver conflito também entre jurisdições, em última análise, entre poderes soberanos, sobre o conhecimento, procedimento e decisão de um fato juridicamente apreciável. Por certo, tal suposto conflito não se concretizará, porque cada Estado decide soberanamente, todavia, o interessado poderá vir a ser, pelo menos em teoria, prejudicado, com decisões díspares sobre uma mesma relação conflituosa, dadas em Estados diversos, tendo em vista a existência de elemento estranho, caso aqueles que, por exemplo, encetaram um contrato internacional, resolvam, cada qual acionar o Poder Judiciário de seu próprio país.

Não cremos que isso acontecerá, por diversos motivos: a efetividade da jurisdição exercida em determinado território sobre bens lá existentes, o que faz deduzir que se não houver bens a serem executados, nenhuma consequência conflituosa haveria; a efetiva cooperação entre os Estado na busca de solução para os diversos casos, que não fira o Direito e a soberania; a concepção de que apesar do sistema jurídico de um Estado ser imposto pelo poder soberano deste Estado, à sua maneira, na sua forma de entender a sociedade que vive em seu território, o Direito é basicamente um só; e, o Direito é voltado, não importa o quadrante em que se encontra na face da Terra, ao ser humano, independente de raça, credo religioso, sexo, e o que fugir destes parâmetros poderá sofrer a contrariedade da comunidade internacional em diversos campos de interesse político-administrativo do Estado soberano.

O Direito Internacional, para não ficar em considerações de ordem filosófica, busca resolver o eventual problema, e fixa os marcos consensuais entre os Estados da comunidade internacional, evitando conflitos positivos (dois ou mais Estados entendem ter a regência de certo fato conflituoso), conflitos negativos (nenhum Estado, em cujas partes interessadas vivam, se posiciona como competente para resolver o conflito). Para tanto, os próprios Estados por suas leis, os tratados internacionais, os princípios reconhecidos, como o da reciprocidade, e mesmo, os costumes internacionais orientam-se na busca de uma solução. Todas estas formas limitam de algum modo, o Poder Jurisdicional do Estado, porque admitem que este nem sempre está apto ou pode resolver os conflitos que ultrapassam as suas fronteiras, sem a cooperação de outros Estados e/ou sem uma abertura conceitual do que é o Direito e para que ele serve, em relação ao ser humano. O poder soberano de um Estado, que assim não age, tende a sofrer muito no mundo globalizado; suas interações políticas, sociais e econômicas ficarão prejudicadas, com efetiva desdita de seu povo.

Fala-se em jurisdição internacional do Estado, para dizer da possibilidade de uma jurisdição estatal, estender-se a outros territórios de outros Estados. A efetividade de tal jurisdição, além das fronteiras, entendemos existente, se prevista em norma convencional. Evidentemente, àqueles que são súditos do Estado, em viagem, mais ou menos longa a outro país, o sistema jurídico nacional, além de representar um amparo que protege o nacional, onde quer que ele esteja, também pode, na volta deste, sofrer consequências previstas no sistema jurídico de que é nacional, por ação ou omissão a que estivesse vinculado.

No que concerne aos direitos humanos, o Direito Internacional obriga o Estado a exercer positivamente, a sua jurisdição, em virtude dos tratados internacionais de direitos humanos, e espera que, na mesma linha, respeite as normas internacionais, ainda que não tenha formalmente se comprometido, como tenham por fulcro os direitos humanos, porque isso interessa ao ser humano e aos demais Estados da comunidade internacional.

Tendo em vista, o fato transnacional, ensejando a atuação de uma ou mais ordens jurídicas, deve o Direito evitar decisões jurídicas contraditórias, embora, assim não ocorra sempre. O DIPr tem também esta função, porque o Estado ao criar normas que consideram a existência dos fatos extraterritoriais e de Estados soberanos, acaba por equilibrar e adequar o Direito e a justiça (como valor), a cada situação, sem ferir, pois, a soberania de outro Estado.

A jurisdição, dita internacional, ou interna em matéria de fatos extraterritoriais, é fixada pelo Estado, com vista àquilo que ele, Estado, considera mais importante, nesse contexto da comunidade de Estados, e, ao assim agir, utilizam-se de alguns vínculos de jurisdição, a saber: nacionalidade, domicílio ou residência de uma das partes, lugar de constituição da obrigação, lugar da execução da obrigação, celebração de atos considerados relevantes para o Estado etc., que são os elementos de conexão básicos que fazem aflorar outros elementos de conexão derivados.

XI.1.1. Jurisdição abusiva/ jurisdição não abusiva

Jurisdição abusiva ou de conveniência é aquela determinada a partir de um vínculo mais frágil ou artificial, a ser definida em cada ocasião, em razão de escolhas das partes e/ou do Estado, o que pode gerar a busca numa jurisdição mais vantajosa, o que, em princípio, não é desejável pelo Direito, em casos extremos de, por exemplo, *fórum shopping*[49], bandeira artificial de um navio. Vínculos justificáveis, mais estreitos, o que pode ensejar alguma insegurança (economia forte de um país perante a economia frágil e subordinada de outro, envolvendo nacionais deste; grupos sociais mais vulneráveis - negros, mulheres, favelados -) em face da assimetria entre os Estados. E, nestes casos, eventualmente identificáveis, o Direito Internacional Privado deve levar em consideração se houve acesso efetivo à Justiça, se houve o devido processo legal (oportunidade de ampla manifestação pelas partes e produção de provas), justiça material no caso concreto, o que impõe o exercício razoável da jurisdição, para se evitar a denegação de justiça.

O Brasil fez a escolha de valores que, em tese, podem evitar situações extremas: delimitando o seu poder jurisdicional e a autonomia da vontade, e reconhece a existência de tratados internacionais obrigatórios que rezam direitos e jurisdição: Código de Bustamante, 1928, tratados temáticos no âmbito da OEA, e da Conferência de Haia de Direito Internacional Privado, Convenção Interamericana de Obrigação Alimentar, Convenções no âmbito de Haia sobre aspectos civis, protocolo de Buenos Aires, em matéria contratual, protocolo de Santa Maria, sobre relações de consumo,1996.

---

(49) O *Forum shopping* refere-se à escolha de jurisdição mais favorável às partes, nas hipóteses de competência internacional concorrente; observam-se fatores como a conveniência da indicação, custos financeiros, indenizações estabelecidas pelo descumprimento do contrato etc. Tem-se como uma nomenclatura utilizada por juristas da "Common law" para definir a escolha dentre várias jurisdições possíveis. O Código de Processo Civil brasileiro, praticamente ignora a possibilidade, que, no entanto, existe no mundo empresarial. Efetivamente, não seria boa essa escolha se ofender a boa-fé. Não será necessariamente ruim se seguir os princípios da jurisdição razoável, acesso à Justiça, não-discriminação do litigante, cooperação interjurisdicional, circulação internacional das decisões estrangeiras.

A eleição de foro, pelas partes, já vimos em outro ponto deste livro (autonomia da vontade) é muito discutida na doutrina, porque, em tese, seria a escolha da jurisdição, quando a jurisdição é função soberana do Estado e as partes não poderiam ao seu bel prazer e/ou interesse, simplesmente afastá-la.

Explicam Dolinger e Tibúrcio: "*Teoricamente as partes podem atuar tanto inserindo hipótese não prevista na norma interna sobre exercício da função jurisdicional (efeitos positivos) quanto afastando a jurisdição, em hipótese prevista na legislação local, com escolha de foro estrangeiro para conhecer o litígio (efeitos negativos).*" A primeira forma não causaria prejuízo, a segunda, talvez. Continuam os doutrinadores: "*Assim, questiona-se se as partes poderiam escolher litigar perante o Judiciário nacional ainda que a situação concreta não esteja prevista nem nos arts. 21 e 22, tampouco no art. 23 do Código de Processo Civil (efeitos positivos). Quanto aos efeitos negativos, pergunta-se se as partes poderiam, em situação prevista nos arts. 21 e 22 – já que quanto ao art. 23 há consenso sobre a impossibilidade – afastar a competência jurisdicional da autoridade judiciária brasileira e escolher um foro estrangeiro como competente para julgar a questão. Não há no Brasil, orientação jurisprudencial pacífica sobre este ponto.*" Os autores dão ainda notícia sobre o Direito comparado e convencional. A questão não é pacífica.[(50)]

No Direito interno, a partir da Constituição Federal, como já posto e de leis ordinárias (a exemplo, LINDB, Código Civil, CPC), também estabeleceram os limites de aplicação do Direito. Em nosso país, o conjunto de normas do local de propositura da ação, determinam a jurisdição, os elementos de conexão, a aplicação da *Lex fori* e a partir daí, da *Lex Causae*. "Se a relação jurídica a ser submetida ao Judiciário contiver um ou mais elementos de estraneidade.

---

(50) DOLINGER, Jacob e TIBÚRCIO, Carmem. *Direito internacional privado.* 13. ed. São Paulo: Forense, 2016. p. 578/582.

Instruem Jacob Dolinger e Carmen Tibúrcio: *Como já se viu, há diferentes possíveis elementos de estraneidade em uma relação jurídica: a nacionalidade das partes, seu domicílio ou residência, o lugar em que ocorreu o fato que fundamenta o pedido, o local onde uma das partes deveria cumprir suas obrigações ou, ainda, o local onde existem bens a serem executados. Nestes casos, será necessário, em primeiro lugar, determinar se o Judiciário brasileiro pode decidir a hipótese submetida."*[(51)]

Os artigos 21 a 23, do CPC enumeram as situações de competência concorrente (arts. 21 e 22) e de competência exclusiva (art. 23). Concorrente: réu domiciliado no Brasil (art. 22, I), no Brasil tiver de ser cumprida a obrigação (art. 21, II), fato ou ato ocorrido no Brasil (art. 21, III); ações de alimentos (art. 22, I), credor domiciliado ou residente no Brasil (I, a), réu com vínculo no Brasil (I, b), decorrentes das relações de consumo, consumidor domiciliado ou residente no Brasil (art. 22, II), em que as partes expressa ou tacitamente se submeterem à jurisdição nacional (art. 22, III). Exclusiva: ações relativas a imóveis situados no Brasil (art. 23, I), em matéria de sucessão hereditária, testamento, inventário e partilha de bens situados no Brasil (art. 23, II), divórcio, separação judicial, ou dissolução de união estável, partilha de bens situados no Brasil (art. 23, III). O CPC de 2015, introduziu, como se vê, acima, duas novas competências concorrentes: em matéria consumerista, privilegiando o consumidor e em matéria alimentar. Não custa lembrar que em matéria de alimentos há a Convenção da ONU sobre Prestação de Alimentos no Estrangeiro, de Nova York, em 1956, promulgada pelo Decreto n. 56.826, de 2 de setembro de 1965.

A competência internacional do Judiciário brasileiro, na questão do consumidor, quando o consumidor tiver

---

(51) DOLINGER, Jacob e TIBÚRCIO, Carmem. *Direito internacional privado.* 13. ed. São Paulo: Forense, 2016. p. 578/582.

domicílio ou residência no Brasil, e na questão de alimentos, quando o credor destes também tiver seu domicílio ou a residência no Brasil, isto é, mesmo que seu domicílio seja no exterior, atendendo a hipótese de que um dos países envolvidos não for parte da Convenção.

Pensa-se, que seria absurdo negar a jurisdição brasileira se o caso concreto não apresentar qualquer das hipóteses previstas no Código de Processo Civil ou nos tratados internacionais, o que nos levaria à conclusão que as regras do CPC não seriam taxativas.

Lembramos, que o art. 22 do CPC insere a hipótese da competência do Judiciário brasileiro, em que as partes se submeteram, de forma expressa ou tácita, à jurisdição nacional, o que gera o efeito positivo de um acordo (autonomia da vontade exercida e em plena consonância com o ordenamento jurídico), e o art. 25, admite não competir a autoridade brasileira, processamento e julgamento da ação, quando houver cláusula de eleição de foro exclusivo estrangeiro em contrato internacional. Também aqui há o exercício compatível da autonomia da vontade. A matéria de interesse exclusive das partes, deverá ser suscitada pelo réu, em preliminar de contestação. Se tal não ocorrer fica prorrogada a competência do juiz nacional.

X.1.2. Execução/Imunidades e casos extranacionais

Alguma coisa já foi dita quando se falou em jurisdição e competência; a regra a ser seguida está no CPC e tratados internacionais, de que o Brasil faça parte, mas vamos completar aspectos importantes, com a temática, sempre discutida da imunidade de jurisdição e de execução.

Imunidade de jurisdição entre na seara do Direito Internacional Público, porque baseia-se na soberania do Estado, cujos representantes têm esta imunidade (um Estado soberano não pode ser levado ao tribunal de outro Estado soberano, porquanto são iguais). O instituto da imunidade é aplicável ao Estado estrangeiro, às organizações internacionais, aos agentes diplomáticos, aos agentes consulares. Soberania absoluta, imunidade absoluta, embora possam existir caminhos de procedimento que amainam a rigidez da regra e do princípio. Por exemplo, se o Judiciário local é o único que pode julgar a matéria, se não puder fazê-lo, estaríamos diante de uma negativa, de efetiva denegação de justiça, princípio maior.

Portanto, existindo um caso em que um dos polos está uma pessoa informada pela soberania, ou dela representante, a execução torna-se difícil, mas o Judiciário brasileiro tem mudado as suas decisões sobre o assunto, acompanhando, neste aspecto, a doutrina moderna. Quem informa é Carvalho Ramos: "*Após a Constituição de 1988, o STF alterou seu entendimento, passando a adotar a teoria da imunidade relativa de jurisdição do Estado estrangeiro. O precedente que deu início a esse movimento foi a AC 9.696. O Ministro Sydney Sanches, relator do processo, considerou que o art. 114 da CF, ao modificar uma regra sobre a competência interna, extinguira a imunidade de jurisdição em matéria trabalhista. O Min. Francisco Rezek chegou à mesma conclusão – de que não mais vigorava a imunidade de jurisdição nas relações trabalhistas envolvendo Estados estrangeiros –, mas por motivo diverso: sustentou, com base no costume internacional, que o princípio da imunidade de jurisdição não vigorava mais de forma absoluta, prevalecendo atualmente uma imunidade relativa.*[52]"

(52) RAMOS, André de Carvalho. *Curso de direito internacional privado*. 2. ed. São Paulo: Saraiva, 2021. p. 596.

A razão é a de que o Estado estrangeiro não pode alegar a imunidade de jurisdição para escapar da legislação nacional de proteção do trabalhador. É possível também encontrar casos em que esta imunidade foi relativizada em questões comerciais, pedido de indenização de turistas por ato de governo estrangeiro, em matéria de ilícito, ato processual contrário à Santa Sé por abuso sexual, todos noticiados e explicados pelo doutrinador citado.[53] Há também referência no livro de Dolinger e Tibúrcio, sobre imunidade em questões de direitos humanos e execução fiscal.[54]

Não se pode deixar de citar os casos reconhecido e expressos em que a imunidade de jurisdição não tem efeito, como quando o agente renuncia à imunidade, expressamente, devendo para tanto ser autorizado pelo Estado que representa; quando o próprio agente recorre à jurisdição local, na qualidade de autor, não sendo lógico que no eventual infortúnio processual recorra à imunidade para descumprir a sentença contrária a seus interesses; quando se tratar de ações reais relativas a bens imóveis por ele possuídos no território do Estado em que está exercendo suas funções representativas; quando se tratar de ações resultantes de compromissos por ele assumidos no exercício de alguma profissão que lhe é permitida; e, quando o agente é nacional do Estado junto a governo que está acreditado.

Resta dizer, para o objetivo destes "Elementos", que embora o Estado estrangeiro possa renunciar à imunidade de jurisdição, mas se apresenta no tribunal, a execução do processo se dará se houver também renúncia à imunidade de execução. Claro está que, na eventualidade de não haver renúncia à imunidade de execução, o eventual reconhecimento das razões do demandante contra o Estado, poderá ser

---

(53) DOLINGER, Jacob e TIBÚRCIO, Carmem. *Direito internacional privado.* 13. ed. São Paulo: Forense, 2016. p. 597/600.

(54) *Ibidem*, p. 604/611.

satisfeito por meios não convencionais de execução, como por meio do Ministério da Justiça e das embaixadas.

Quanto às execuções em matéria contratual, deve seguir o Código de Processo Civil, se for o caso, a decisão arbitral, ou a eleição de foro pelas partes, quando admitida.

Capítulo XII

Direito Comercial Internacional

O comércio internacional tornou-se para o mundo internacional o grande campo de interação entre as pessoas e os entes por ela criados. Assim, já o foi para o desenvolvimento do Direito interno, uma vez que tornou as sociedades internas mais pujantes e ricas, construindo relações antes não imaginadas, por intermédio de criações jurídicas (organizações, instituições, contratos), obrigando o legislador dobrar-se para vislumbrar um mundo novo, que não era apenas e tão somente constituído pela família "célula-mater" da sociedade, mas por empresas, empresários, empregados, responsabilidades sociais, produção de riquezas, e obrigando o Poder Executivo a regular amiúde relações de interesse social e o Poder Judiciário a voltar-se para análise e julgamento decorrente dos conflitos advindos da ampla gama dos negócios jurídicos, nos dias de hoje, mais complexos, porque envolvem comunicações à distância, tecnologia, e faz do mundo comercial/empresarial e econômico, uma área que absorve grande parte do Direito e dos sistemas que engendra.

Com esse quadro, sofre o Direito para afirmar-se, e mais ainda, sofre o Direito Internacional Privado, que, por vezes não consegue por todo o seu instrumental, a serviço da solução dos conflitos extranacionais. Já, em tempos mais antigos, o problema se pôs, quando as fronteiras do Estado se viram ultrapassadas pelos interesses comerciais e pelos interesses dos comerciantes, em particular, que desenvolveram linguagem própria e um sistema de regras próprios para atender às suas necessidades, que não contrariavam o sistema jurídico dos Estados, mas nele viam insuficiência para atender às suas demandas.

Surge daí a chamada *Lex mercatória* – regras criadas e observadas pelos particulares comerciantes, ao redor do mundo – e que às vezes, entram em conflito com as regras oficiais dos Estados.

A segurança e o desenvolvimento das relações de comércio internacional, seria mais concreto se houvesse um regime único, ou mais ou menos uniforme, sem o impacto de leis imperativas dos Estados, que tendem a harmonizarem-se com as necessidades dos empresários e comerciantes, naquilo que não for fundamental para o Estado.

Existem tentativas amplas de unificação do próprio Direito Privado, que devem ser acolhidas pelos países. Um exemplo é o da UNIDROIT - Instituto Internacional para Unificação do Direito Privado, é uma das expressões máximas da evolução das regras relativas aos interesses dos particulares, particularmente no campo comercial. No seu Preâmbulo reza sobre os objetivos dos Princípios que cria: *"Estes Princípios estabelecem regras gerais para contratos comerciais internacionais. Devem ser aplicados caso as partes tenham acordado que o seu contrato será regulado por eles. Podem ser aplicados caso as partes tenham acordado que seu contrato será regulado por princípios gerais do direito, pela* 'lex mercatória` *ou similares. Podem ser aplicados caso as partes não tenham escolhido nenhuma lei para regular o seu contrato. Podem ser usados para interpretar ou suplementar instrumentos internacionais de direito uniforme. Podem ser usados para interpretar ou suplementar leis nacionais. Podem servir de modelo para legisladores nacionais e internacionais."*

Há de se reconhecer que o comércio internacional tem necessidades, não contrárias à ordem jurídica de um Estado, mas que pela sua dinamicidade não são atendidas por ele. A ordem jurídica de um Estado, é sempre mais rígida e deve sê-lo, pois regra as relações dentro da sociedade e o comércio internacional necessita de certa flexibilidade para que possa florescer, baseada na autonomia da vontade e nos interesses em jogo. Isso não quer dizer que seja um mundo à parte do Direito, e sim, que dentro do Direito serve para um mundo específico do extrato social. *"O comércio internacional não sobrevive bem quando depende de fatores estranhos ao seu processo de desenvolvimento, porquanto suas estruturas são modeladas de acordo com as necessidades práticas, cujas revelações são sempre impositivas de soluções em que a criatividade desempenha papel mais significativo."*[(55)]

Tal criatividade implica em domínio de várias áreas do Direito, que a influenciam e Stranger delineia:

"a) o direito internacional público, plano no qual nasceram as convenções internacionais, que, de um modo ou de outro, oferecem resposta ao comércio internacional e que hoje convencionalmente fazem parte da "lex mercatória"*; b) o direito internacional privado, que fornece as regras para individualizar a lei aplicável às relações jurídicas que formam o necessário suporte ao comércio internacional; c) o direito civil, que oferece a chave que possibilita o aprimoramento contratual e a disciplina daí derivante; d) o direito comercial e industrial, que dita as regras para a atividade da empresa que pretende desenvolver-se no exterior e para a tutela dos bens de propriedade intelectual; e) o direito tributário, com as regras nacionais relativas à importação/exportação e aquelas*

---

(55) STRANGER, Irineu. *Direito internacional privado*. 6. ed. São Paulo: LTr, 2005. p. 815.

referentes à fiscalização internacional; e f) o direito valutário, para disciplinação das transferências de valores, sempre presente no comércio internacional."[56]

Este mundo de multiáreas só funciona de forma plena e com segurança, na aplicação de regras, mais ou menos uniformes e adequadas, que, sem contradizer a ordem jurídica dos Estados, nos seus fundamentos satisfaz a empresários e comerciantes, nos seus negócios, uma vez que o comércio internacional tem por palco o mundo, regionalmente considerado ou não, chamando a atenção as suas peculiaridades, como as cláusulas de deslocalização total, em que é excluída a aplicação do Direito nacional, o que pode vir a ser aceito se as partes têm total independência, no seu negócio, do Direito territorial, o que é difícil, mas possível em algumas situações como a opção pela *amiable composition,* utilizada em procedimentos arbitrais. Tal cláusula liberaria o árbitro de se subordinar a qualquer Direito Nacional e baseia-se no princípio da igualdade. As partes comprometem-se a obedecer ao decidido, porquanto acionar o Judiciário poderia resultar em completo afastamento da cláusula e da autonomia da vontade.

Alguns estratagemas são utilizados para fugir do conflito, como exemplifica, Stranger: "*Para fugir dos obstáculos impostos pelas leis divergentes, o comércio internacional tem usado diversos estratagemas, que acabam incorporando-se à sua rotina, como, por exemplo, o 'crédito bancário confirmado`, que localiza o pagamento do preço, sob a égide de um contrato internacional de venda, no país do vendedor, ou uma localização parcial quando,* 'exempli gratia`, *existe cláusula que escolha direito, com o qual as partes convencionaram a lei própria de seu contrato*". No comércio internacional e nas regras que o amparam há e deve haver maior flexibilidade, se comparado à ordem jurídica interna

(56) STRANGER, Irineu. *Direito internacional privado.* 6. ed. São Paulo: LTr, 2005. p. 816.

dos países, mas nenhuma flexibilidade deve ultrapassar os princípios de igualdade e equilíbrio entre as partes, que está no bojo do ordenamento nacional.

A busca é a superação das diferenças das leis internas e, por conseguinte, uma superação das normas de DIPr, e que ao longo do tempo vem se processando, com a criação e renovação da *Lex mercatória* (*old lex mercatória;* nova *lex mercatória* incorporada aos sistemas legislativos e nova *Lex mercatória*). A primeira fase de gestão da *Lex mercatória,* pela necessidade dos comerciantes, que necessitavam de um corpo de procedimentos e normas para resolver de forma célere suas questões, a exemplo da *Lex Rodhia de Jactu* elaborada pelos fenícios, a *Nauticum Foenus,* romana, o Consulado do Mar, coletânea de costumes do comércio marítimo pela Corte Consular de Barcelona. Interessante a existência primitiva dos *pie poder* ou *pedes pulvorosi* (pés poeirentos), que constituíram tribunais nas feiras livres para solução de seus conflitos, depois foi aos poucos convivendo com as legislações dos Estados, e agora temos uma *lex mercatória* amplamente reconhecida, ainda que cause alguma eventual discussão sua aplicação diante das normas da ordem jurídica interna. Importa saber este início para entendermos bem a natureza *sui generis* da *Lex mercatória.*

O Direito Internacional do Comércio, ora vem posto pelas agências formuladoras, que criam e trabalham sob a forma de convenções, leis-modelo, forma-padrão, e outras manifestações, quase fazendo com que tal Direito se torne uniforme e autônomo, mas, ainda, mantém-se um caminho de separação desse Direito mais abrangente – abrangendo *lato sensu* a *lex mercatória* e, de certa forma a própria *Lex mercatória,* pelos costumes internacionais. Quanto a estes, vem ganhando mais corpo com as agências formuladoras, a exemplo da UNCITRAL – Comissão das Nações Unidas para o Direito Comercial Internacional, a UNIDROIT, já mencionada, os Inconterms – regras internacionais para interpretação de termos comerciais, o UCP – usos uniformes relativos aos créditos documentários, formalizados pela CCI (Câmara de Comércio Internacional). Temos, pois, várias formulações do que, de início, eram simples costumes, como tal habituais e reconhecidos como de direito, para a facilitação dos particulares que se arriscavam no comércio em geral e aquele que ultrapassa as fronteiras, e que agora ganharam uma área importante de estudos, quase paralelos ao sistema do Estado, mas com várias trilhas de comunicação, e que são indispensáveis para o deslinde dos conflitos comerciais, de casos extraterritoriais.

XII.1. Comerciantes/empresários e contratos comerciais

Comerciante, sujeito capaz de praticar atos de comércio, cuja definição vinha atrelada à figura humana do comerciante, distinguindo-o do não-comerciante, e esta distinção deve ser qualificada de algum modo: pela lei nacional (*Lex patriae* – considerando o estado da pessoa); pela lei da sede de suas operações, que é onde o comerciante realiza as suas atividades; pela lei do lugar (*Lex loci*), uma vez que o ato pessoal é regido pela *Lex loci actum*, lei que deve decidir quem é o comerciante; pela a lei do foro (*Lex fori*), uma vez que a classificação de quem é comerciante, envolve a ordem pública.

O Código Civil, tem no Livro II, o Direito da Empresa e no seu Título I, normatiza a figura do empresário, roupagem nova, figura esta, com que se apresenta, na atualidade, o antigo comerciante individual. *"Art. 966. Considera-se empresário quem exerce profissionalmente atividade econômica organizada para a produção ou a circulação de bens e serviços." "Parágrafo único. Não se considera empresário quem exerce profissão intelectual, de natureza científica, literária ou artística, ainda com o concurso de auxiliares ou colaboradores, salvo se o exercício da profissão constituir elemento da empresa."* Com isso, a legislação nacional englobou em um único diploma, em conjunto, o Direito Civil e parcela do Direito Comercial. Tal figura, comerciante/empresário, movimenta as relações de comércio e os contratos comerciais, e os contratos de comércio internacionais.

São contratos, mas cada vez mais se diferenciam dos contratos clássicos, exatamente pela incidência da *Lex mercatória* e de toda gama de regras que uniformizam as práticas comerciais, o que põe o intérprete das normas em dado conflito extraterritorial, em face de um complexo de regras e princípios para a solução desejada, importando o manejo das normas de DIPr, do Direito substancial dos países envolvidos, e dos comportamentos esperados na esfera comercial, por vezes sem acionamento do ordenamento pátrio de cada envolvido, mas não só, porque as relações comerciais e empresariais modernas terminam por criar institutos jurídicos-mercantis, que devem encontrar algum lugar dentro do sistema jurídico, adaptando as normas de direito comum às características dos negócios mercantis.

Embora os contratos internacionais de comércio, gerem obrigações e direitos, como quaisquer contratos, têm características que os individualizam, dentro do vasto campo dos contratos: a) abrangem diversas operações comerciais; b) não têm vínculo com estruturas legais normalmente constituídas e vivenciadas no Direto interno; c) são instrumentos multidisciplinares, porque não ficam só na esfera do Direito; d) fundamentam-se em princípios, costumes, mais do que sistema legalmente impostos pelo Estado; e) buscam a solução dos conflitos, especificando em cláusulas contratuais, mais na mediação e arbitragem comercial, ainda que não descartam e nem afastem por completo a intervenção do Estado; f) quase sempre tem uma fase pré-contratual mais longa e que já tem, por si, a implementação de responsabilidades, que proporcionam efeitos jurídicos, antes mesmo de sua consumação total; e g) o que o faz a maioria das vezes, compostos de etapas, que devem ser vencidas para o sucesso total da transação.

Cada etapa destas pode acarretar responsabilidades e indenizações, como fica bem claro, nas diversas figuras dos *inconterms*.

O comércio está cada vez mais internacionalizado, e as soluções dadas aos conflitos em cada país têm caminhos comuns, ainda mais quando boa parte dos países aceita as regras e princípios do comércio internacional, os contratos-tipo que este comércio cria, como de direito, havendo um lugar especial para a arbitragem.

XII.1.1. Variedade das práticas e contratos internacionais

Operações internacionais de crédito.

São várias e desenvolvem as relações do comércio internacional, que elege o local onde a autonomia da vontade mais se concretiza e a criação de instrumentos jurídicos mais flexíveis se torna possível. Um deles é o crédito documentário.

O crédito documentário dá resposta adequada para os conflitos entre comprador e vendedor, na venda, tendo em vista a distância entre os contratantes, a diversidade de sistema jurídicos, as interpretações divergentes, as incertezas jurídicas decorrentes, geram dúvidas entre os comerciantes. Strenger explica: "*O comprador deseja receber a mercadoria que encomendou; o vendedor, por seu turno, deseja receber o preço...*

(...) o crédito documentário realiza, por intervenção do sistema bancário de um ou diversos países, um compromisso aceitável para cada um e adaptável às principais situações, graças às diversas modalidades possíveis (revogável, irrevogável, confirmado, não confirmado, transferível, endossado, à vista do pagamento diferido etc.). Ele implica que o comprador aceite confiar em documentos, que escolhera como devendo refletir o mais exatamente possível a execução do contrato comercial, e que o vendedor se desvincule da mercadoria, antes do pagamento, mas contra promessa bancária condicionada essencialmente pela remessa de documentos."[(57)] Tal prática vai se aperfeiçoando e toma novas formas, na mesma base de relação. Da desconfiança natural dos cocontratantes, ante os fatores já apontados, a prática do crédito documentário com a intervenção bancária, dá maior segurança e foi recomendado pela UNCITRAL.

Pela proposta deste livro não cabe análise mais pormenorizada de cada possibilidade contratual, e para este fim recomendamos as diversas obras que tratam apenas dessa matéria. Apontamos, no entanto, a prática dos seguintes contratos na área internacional: *Franchising* (contrato que liga uma pessoa a uma empresa, para que esta mediante condições especiais, conceda à primeira o direito de comercializar marcas ou produtos de sua propriedade; exploração de uma marca ou produto com a assistência técnica do franqueador), *Factoring* (transferência de créditos comerciais de um titular a um *Factor* que assume o encargos de recebe-los, que os adquire, normalmente, *pro soluto*), *Leasing* (contrato segundo o qual uma pessoa jurídica arrenda a uma pessoa física ou jurídica, por tempo determinado, um bem comprado pela primeira de acordo com as indicações da segunda, cabendo opção de adquirir o bem arrendado

---

(57) STRANGER, Irineu. *Direito internacional privado*. 6. ed. São Paulo: LTr, 2005. p. 798.

findo o contrato, mediante um preço residual previamente fixado), *Confort Letters* ou *Lettre de patronagem* (Carta conforto em relações empresariais e bancárias, a fim de que o garantidor assuma a responsabilidade no cumprimento das obrigações), *Joint ventures* (associação de empresas para tirar proveito de alguma atividade, por um tempo limitado, sem que cada uma delas perca a sua identidade. Normalmente para fins comerciais ou tecnológicos), Informática (contrato de prestação de serviços técnicos, em equipamento de informática) *Catering* (contrato pelo qual há um fornecimento de comida preparada e alguns serviços correlatos para festas, banquetes, companhias de aviação etc.) agência (contrato pelo qual uma pessoa se obriga a realizar, sem subordinação hierárquica, operações mercantis por conta de outrem, em área determinada), *Know-how* (convenção pela qual uma pessoa, física ou moral, se obriga a fazer o contratante fluir dos direitos que ela possui, sobre certas fórmulas e processos secretos, durante um certo tempo e de acordo com um certo preço que esta se obriga a lhe pagar) .

XII.2. Arbitragem comercial internacional

Também aqui, um rápido esboço da matéria. Trata-se de uma das formas de solução de litígios fora da jurisdição estatal, que serve para tal fim, tanto no Direito Interno, como no Direito Internacional. No Internacional Público (Corte de Arbitragem, Haia), como no Direito Internacional do Comércio.

No Direito Internacional ela tem se expandido mais, e resolve conflitos entre as partes envolvidas no comércio internacional, por um ente privado (árbitro/árbitros), que decide o caso, após tomar conhecimento das razões das partes conflitantes.

Combina na arbitragem comercial interna, elementos do processo – como tal sistematizados dentro de uma determinada ordem jurídica, elementos do processo comum e do Direito Civil, ou de outra área, permitindo às partes a oportunidade de planejar o procedimento arbitral. Por exemplo, decisão arbitral deverá ser proferida no prazo estabelecido pelas partes, na falta deste, a decisão deverá sair até seis meses, contados da instituição da arbitragem ou da substituição do árbitro. Baseia-se no princípio da autonomia da vontade, e nas regras do comércio; se em âmbito internacional, nas regras do comércio internacional, como a *Lex mercatória*.

Assim, as partes estão livres para submeter suas disputas ao Poder Judiciário ou a Arbitragem, sendo que no caso envolver elementos de estraneidade, este caminho é muito bem acolhido, porquanto, normalmente, os árbitros conhecem a matéria de conflito, porque também, pertencem ao meio comercial, ou ao meio jurídico-comercial, sendo, por tais motivos, o meio escolhido para uma boa parte dos conflitos de comércio internacional.

Algumas vantagens podem ser observadas no procedimento arbitral: a maior liberdade das partes no caminho procedimental a ser percorrido; a maior rapidez desse procedimento; a possibilidade de transcorrer em sigilo, pois podem envolver questões comerciais de alta monta; a aplicação de regras e princípios internacionais do comércio, aceito pelos comerciantes e empresários; a confiança que terminado o procedimento arbitral, a sua decisão será cumprida, sem maiores discussões teóricas, e sem recursos protelatórios.

Quanto a possibilidade de correr em sigilo, o próprio CPC regra: "*Art. 189. Os atos processuais são públicos, todavia tramitam em segredo de justiça os processos: IV – que versem sobre arbitragem, inclusive sobre cumprimento de carta arbitral, desde que a confidencialidade estipulada na arbitragem seja comprovada perante o juízo."*; e, art. 22-C, Parágrafo Único da Lei de Arbitragem. Estende-se também a outras decisões sobre a arbitragem, como na ação anulatória de sentença arbitral e no cumprimento da sentença arbitral.

Apesar da publicidade ser um dever do Estado, em certas situações os interessados podem querer o sigilo (cláusula de confidencialidade), em matéria contratual, porque envolve interesses específicos. Acolhe-se a existência não só de cláusulas contratuais, nesse sentido, mas até dos chamados contratos de confidencialidade; empreendedores, startups, para a blindagem de ideias, sites e aplicativos), e o Estado é obrigado a respeitar (art. 190, CPC).

Inicia-se pela celebração de uma convenção de arbitragem, que admite duas espécies: a cláusula compromissória e o compromisso arbitral.

Cláusula compromissória – é o negócio jurídico que prevê que os conflitos futuros se submetam à arbitragem, vinculado a uma relação jurídica de natureza contratual ou pré-contratual.

Compromisso arbitral – é o ajuste firmado diante de um conflito que já existe, e a partir do qual as partes se comprometem, a submetê-lo à arbitragem.

Portanto, o que diferencia uma e outra é o momento de sua celebração: a cláusula compromissória é anterior a qualquer disputa, e firmada esta, as partes contratantes ficam vinculadas ao acordo; o compromisso arbitral é instituído em face de um litígio em acontecimento.

Sempre que firmada a possibilidade da arbitragem, como em qualquer negócio, deverão ser atendidos os requisitos do art. 104, do Código Civil: *"A validade do negócio jurídico requer: I – agente capaz; objeto lícito, possível, determinado ou determinável; III – forma prescrita ou não defesa em lei."*

A lei não manifesta, mas está ínsito que, em todo negócio jurídico é imprescindível a manifestação de vontade, e assim também, em relação à capacidade do agente, uma vez que, se absolutamente incapaz, acarretará a nulidade absoluta. Não há dúvida que esta regra se aplica plenamente, para o nacional e para o estrangeiro, considerando ainda, o artigo 7º, da LINDB: "A lei do país em que for domiciliada a pessoa determina as regras sobre o começo e o fim da personalidade, o nome, a capacidade e os direitos de família."

O principal diploma brasileiro em matéria de arbitragem é a Lei n. 9.307, de 23.09.1996, alterada pela Lei n. 13.129, de 26.05.2015, ampliando o âmbito de aplicação da arbitragem e dispondo sobre a escolha dos árbitros, a interrupção da prescrição pela instituição de arbitragem, a concessão de tutelas cautelares e de urgência, a carta arbitral. Esta última lei inovou ao estatuir que a Administração Pública direta e indireta poderá se utilizar da arbitragem para dirimir conflitos relativos a direitos patrimoniais disponíveis, respeitando sempre o princípio da publicidade.

Uma referência à carta arbitral, expedida por árbitro ou tribunal arbitral nacional para que o órgão jurisdicional pratique ou determine o cumprimento, na área de sua competência territorial de algum ato solicitado pelo árbitro (art. 22-C Leis ns. 9.307/96 e 13.129/15, e art. 260, § 3º. e 237, IV, CPC, 2015).

A arbitragem também é objeto da lei processual, CPC de 2015, e tanto na Lei de Arbitragem, como no CPC a submissão a uma convenção de arbitragem é faculdade das partes, numa relação jurídica, desde que os eventuais litígios a serem dirimidos sejam relativos a direitos patrimoniais disponíveis.

Há de se notar que a escolha da arbitragem para a solução de conflitos, exclui automaticamente a possibilidade de apreciação pelo Judiciário (art. 485, VII, CPC). A existência de qualquer uma das espécies de convenção de arbitragem (cláusula compromissória e compromisso arbitral) gera a extinção do processo sem a resolução do mérito, uma vez que a opção pela arbitragem torna indevida a intervenção da Justiça, exceção feita se apesar da convenção de arbitragem, ambas as partes resolvem querer a intervenção do Judiciário. Incide, pois, também o art. 5º. XXXV, da Constituição Federal: "*A Lei não excluirá da apreciação do Poder Judiciário lesão ou ameaça a direito.*" Ora, como a ação é um direito disponível, assim como o direito de exercer esse direito, a escolha da arbitragem pelas partes, por si, não ofende o princípio da inafastabilidade do Judiciário.

Da decisão interlocutória que rejeita convenção de arbitragem cabe agravo de instrumento (art. 1.015, III, CPC).

O art. 1º da Lei de Arbitragem, também determina: "*As pessoas capazes de contratar poderão valer-se da arbitragem para dirimir conflitos relativos a direitos patrimoniais disponíveis.*" Desse modo, não se discute sobre a capacidade, que deve estar de acordo com o ordenamento jurídico aplicável, observando-se que as partes na arbitragem podem se fazer substituir por advogados.

A arbitragem internacional é recomendada quando há elementos de estraneidade, isto é, elementos estranhos ao país. Existem três modalidades: a de Direito Internacional Público, que mencionamos linhas atrás, envolvendo Estados e entidades internacionais, previstas em tratados e convenções internacionais, e duas outras modalidades:

a arbitragem de investimentos e a arbitragem comercial internacional.

Arbitragem de investimentos – controvérsia entre Estados e investidores estrangeiros. A Convenção de Washigton, de 1966 (Centre for Setlement of Investment Disputes between States and Nationals of Other States – ICSID). É independente, mas está ligado ao Banco Mundial, que a criou com o fito de resolver as demandas relativas a investimentos entre Estados: A Convenção de Washigton, que criou o ICSID, possui atualmente 159 Estados-membros, mas o Brasil não é parte desse sistema de solução de controvérsias.

Arbitragem Internacional Comercial – são as que dizem respeito ao comércio internacional e regem-se por normas internas (Lei n. 9.307/96) e internacionais (UNIDROIT, CISG).

São requisitos para arbitragem: "*Art. 10 da Lei: Constará, obrigatoriamente do compromisso arbitral: I – o nome, profissão, estado civil e domicílio das partes; II - o nome, profissão e domicílio do árbitro, ou dos árbitros, ou, se for o caso, a identificação da entidade à qual as partes delegaram a indicação de árbitros; III – a matéria que será objeto da arbitragem; e, IV – o lugar em que será proferida a sentença arbitral.*"

A Lei de Arbitragem, não define a sede da arbitragem, mas diz no art. 10, como vimos, no inciso IV, que deve constar o lugar em que será proferida a sentença arbitral. Assim, a sede da arbitragem fica constando indiretamente do compromisso.

A arbitragem estrangeira é aquela proferida fora do território nacional (art. 34, Parágrafo Único da Lei) e os laudos proferidos no exterior serão naturalmente reconhecidos no Brasil, se não contrariar as regras fundamentais do Estado, mas poderiam não ser reconhecidos, nos termos dos arts. 38 e 39, da Lei, ocorre que o Brasil aderiu à Convenção de Nova York e opinam Dolinger e Tibúrcio, não valer mais tais artigos, diante do n. 3, do art. I, da Convenção: "Importante regra está prevista no n. 3, do art. I, que determina que, quando da assinatura, ratificação ou adesão à Convenção, qualquer Estado poderá declarar que aplicará a Convenção ao reconhecimento e à execução de sentença proferidas unicamente no território do outro Estado-membro, ou quando as divergências oriundas de questões comerciais. Não obstante essa possibilidade, o Brasil não fez qualquer reserva quando da ratificação da Convenção de Nova York."

Embora isso, concluem os doutrinadores pela aplicação do art. V. da Convenção, porque enumera as hipóteses em que o reconhecimento e a execução poderão ser indeferidos e tais hipóteses são as mesmas dos arts. 38 e 39, da Lei de Arbitragem. Desse modo, em nosso entendimento, se iguais são as hipóteses, os artigos da lei nacional se confirmam.

A Lei n. 9.307/96, no seu art. 34, prestigia a lei internacional: "*A sentença arbitral estrangeira será reconhecida ou executada no Brasil de conformidade com os tratados internacionais com eficácia no ordenamento interno e, na sua ausência, estritamente de acordo com os termos desta lei.*"

O Brasil, mais uma vez, se conforma aos tratados internacionais que assina e faz com que eles prevalecem sobre a legislação interna, o que está de acordo com a Constituição Federal (art. 5º. §§ 1º. e 2º. CF).

Importa mencionar o Protocolo de Genebra, relativo a cláusulas de arbitragem, Suíça, em 1923 (Decreto n. 21.187, de 23.03.1932); Convenção sobre Reconhecimento e a Execução de Sentenças Arbitrais Estrangeiras (Convenção de Nova York, já citada, Decreto n. 4.311, de

23.07.2002); Convenção Interamericana sobre Arbitragem Comercial Internacional (Convenção do Panamá, 1975, Decreto n. 1.902, de 09.05.1996); Convenção Interamericana sobre Eficácia Extraterritorial das Sentenças e Laudos Arbitrais Estrangeiros (Convenção de Montevidéu, 1979, Decreto n. 2.411, de 02.12.1997); Acordo sobre Arbitragem Comercial Internacional do MERCOSUL (Acordo de Buenos Aires, 1998, Decreto n. 4.719, de 04.06.2003); Protocolo de Cooperação e Assistência Jurisdicional em Matéria Civil, Comercial, Trabalhista e Administrativa (Protocolo de Las Leñas, 1992, Decreto n. 2.067, de 12,11.1996), dentre outros.

A sentença arbitral tem todos os efeitos da sentença judicial e não necessita ser homologada pela Justiça, arts. 18 e 31 da Lei de Arbitragem: "*Art.18. O árbitro é juiz de fato e de direito e a sentença que proferir não fica sujeita a recurso ou a homologação pelo Poder Judiciário.*"; "*Art. 31. A sentença arbitral produz, entre as partes e seus sucessores, os mesmos efeitos da sentença pelos órgãos do Poder Judiciário, sendo condenatória, constitui título executivo.*"

Referências

ALVIM, Arruda. *Manual de direito processual civil.* São Paulo: Revista dos Tribunais, 2011.

BARROSO, Luís Roberto. *Interpretação e aplicação da Constituição.* 7. ed. São Paulo: Saraiva, 2009.

BASSO, Maristela. *Curso de direito internacional privado.* 6. ed. São Paulo: Atlas, 2020.

BATALHA, Wilson de Souza Campos. *Tratado elementar de direito internacional privado.* 8. ed. São Paulo: Revista dos Tribunais, 2º volume, 1961.

CORREIA, A. Ferrer. *Lições de direito internacional privado I.* São Paulo: Almedina, 2000.

DINIZ, Maria Helena. *Dicionário jurídico universitário.* São Paulo: Saraiva, 2010.

DOLINGER, Jacob e TIBÚRCIO, Carmem. *Direito internacional privado.* 13. ed. São Paulo: Forense, 2016.

GUSMÃO, Daniela Ribeiro de. *Comentários ao código tributário nacional.* São Paulo: MP Editora, 2005.

HERVADA, Javier. *Lições propedêuticas de filosofia do direito.* São Paulo: Martins Fontes, 2008.

JAPIASSÚ, Hilton e MARCONDES, Danilo. *Dicionário básico de filosofia.* 3. ed. Rio de Janeiro: Jorge Zahar Editor, 1989.

RAMOS, André de Carvalho. *Curso de direito internacional privado.* 2. ed. São Paulo: Saraiva, 2021.

STRANGER, Irineu. *Direito internacional privado.* Parte geral. 5. ed. São Paulo: LTr, 2005.

STRANGER, Irineu. *Autonomia da vontade em direito internacional privado.* São Paulo: Revista dos Tribunais, 1968.

HUSEK, Carlos Roberto. *Curso de direito internacional público.* 16. ed. São Paulo: LTr, 2021.

WEBERBAUER, Paul Hugo. *Comentários sobre o direito internacional privado brasileiro.* São Paulo: Del Rey, 2022.

UNIDROIT (Instituto Internacional para a Unificação do Direito Privado) – Princípios UNIDROIT Relativos aos contratos comerciais internacionais, Quatier Latin, 2004.